A mí este siglo

Biografía

Luis Piedrahita es colaborador y guionista del programa «El hormiguero 3.0», así como de los espacios de radio «La ventana» en la Cadena Ser y «Yu, no te pierdes nada» en Los 40 Principales. Además ha trabajado en los programas «No somos nadie» de M80 Radio, «No es un verano cualquiera» de RNE, «El club de la comedia» o «Cruz y raya», y ha sido colaborador, guionista y director del programa de magia «Nada por aquí». También es autor de seis libros de humor: *A mí este siglo se me está haciendo largo*, *El castellano es un idioma loable, lo hable quien lo hable*, *¿Por qué los mayores construyen los columpios siempre encima de un charco?*, *Dios hizo el mundo en siete días… y se nota*, *¿Cada cuánto hay que echar a lavar un pijama?* y *Un cacahuete flotando en una piscina… ¿sigue siendo un fruto seco?*; y ha escrito un libro infantil titulado *Diario de una pulga* y otro de magia, *Monedas y otras historias*. En su faceta de cineasta, ha escrito y dirigido junto con Rodrigo Sopeña el largometraje *La habitación de Fermat*, estrenado en más de cincuenta países. También ha colaborado en el guión de la película *Cosas que hacen que la vida valga la pena*, dirigida por Manuel Gómez Pereira. Actualmente triunfa por toda España y en Latinoamérica con espectáculos teatrales, escritos y dirigidos por él.

Luis Piedrahita

A mí este siglo se me está haciendo largo

Planeta

El papel utilizado para la impresión de este libro es cien por cien libre de cloro y está calificado como **papel ecológico**.

Avinguda Diagonal, 662, 6.ª planta. 08034 Barcelona (España)
www.planetadelibros.com

Adaptación de la cubierta: Booket / Área Editorial Grupo Planeta a partir de la idea original de © Estudio Marta Botas
Fotografía de la cubierta: © Nines Mínguez
Imagen de la página 5: Shutterstock
Vestuario: Alegría y Decisión
Agradecimientos: Javier Tomás Biosca y Rodrigo Sopeña
Primera edición en Colección Booket: noviembre de 2015

Depósito legal: B. 23.055-2015
ISBN: 978-84-08-14397-0
Impresión y encuadernación: CPI (Barcelona)
Printed in Spain - Impreso en España

ÍNDICE

PRÓLOGO AL LIBRO DE LUIS PIEDRAHITA

de su más profundo admirador, José Mota

Nos gusta mirar al espejo del humor porque nos devuelve un reflejo algo más dulce de nuestras miserias y nos ayuda a digerir mejor, sin ayuda de Alka-Seltzer, al monstruito que llevamos dentro. En el espejo de Luis Piedrahita ocurre lo mismo. Pero además, su humor siempre nos regala unas cuantas gotas de poesía sutilmente distribuida, para que la belleza del texto no nos distraiga de su gracia.

Sin duda este libro está escrito desde la tripa de su autor, con la maestría y el equilibrio de quien sabe moverse con soltura por la delgada línea roja de la comedia, que separa lo bello de lo hueco.

Luis sabe muy bien que en lo pequeño cabe lo grande y en lo grande casi nunca cabe lo pequeño. Por tanto, nos propone un viaje al centro de lo sutil; y consigue, por ejemplo, que una sala de espera nos pueda parecer mucho más divertida que un parque de atracciones, o que sintamos piedad de la naranja que va rodando por el tobogán de un exprimidor de zumos y que acabará en el vientre de algún fontanero de la calle Barquillo de Madrid. Devuelve la dignidad a seres inertes despreciados socialmente como la esponja o las axilas que, con el correr de los días, fueron fustigados con el látigo de la indiferencia, pero que hoy son devueltos al escalafón social que les corresponde.

¿Debemos entender, por tanto, que Luis Piedrahita viene a ser una especie de defensor estilo Greenpeace de las causas pobres e inertes como las axilas y las esponjas? No, no debemos entender eso. Vale, pero ¿podríamos pensarlo? Sí, pensarlo sí, pero entenderlo no. Ya, pero ¿qué diferencia hay entre entender y pensar? ¡Basta! ¡Esta conversación es estéril! Les ruego que me disculpen. Sigo…

Sin duda, el humor de Luis engarza perfectamente con toda aquella otra generación del 27: Tono, Mihura, Jardiel Poncela, etcétera, que el devenir de los tiempos engulló en el estómago del olvido de muchos. Era una generación con la prosa envenenada entre el humor y la poesía, y que hoy Luis —tan generosamente— nos recuerda.

No es que nuestro entorno deje de ser el mismo después de leer este libro. No. Es que quizá nuestro entorno nunca fue lo que parecía. El autor dibuja la sonrisa con una palmada en el alma y, aunque a veces pueda golpear fuerte, siempre lo hace con guante de terciopelo.

Gracias, Luis, por devolver a lo invisible su bosón de humor correspondiente. Que Dios lo guarde a usted muchos años, a fin de preservar la sonrisa colectiva.

Y ahora espero que disfruten de este libro como yo lo he hecho. Desabróchense los cinturones de las mandíbulas, ocluyan los esfínteres, relajen las gónadas y, por favor, apaguen los móviles: esto va a comenzar.

POR LA
CIUDAD

*****

LAS SALAS DE ESPERA

Las aves de la paciencia
despliegan sus salas de espera

Unos de los lugares más desesperantes que existen son las salas de espera.

Antes de nacer, la primera sala de espera por la que pasamos es un testículo. Todos hemos estado allí esperando a que nos llamen. Suelen llamar los sábados. Estás allí y es como cuando vas a ver la Giralda: van llamando por grupos. Salen todos corriendo y a empujones, para subir a una torre y ser el primero en llegar al mirador.

Luego, a lo largo de la vida pasamos por varias salas de espera. Los médicos mayores, esos que montan la consulta en una casa, suelen tener una sala de espera tipo asador castellano: con sillones de cuero, ceniceros de bronce, cuadros de perros mordiéndole el cuello a un ciervo... Yo siempre me he preguntado quién habrá pintado todos esos cuadros de perros mordiendo cuellos de ciervos. ¿Cuántos habrá en España? ¿Mil? Yo creo que los médicos los ponen para que los pacientes vean al ciervo y digan: «A mí me dolía un poco la garganta pero, la verdad, viendo ese cuadro, yo no estoy tan mal».

Entras allí y está todo el mundo en silencio. Dices:

—Buenas tardes.

Y se oye una especie de rumor...

—Mñstardesmñmsñ...

La primera cuestión es dónde sentarse. La norma es sentarse lo más lejos posible de otras personas. Lo único que sabes de esas personas es que todas están enfermas. No sabes lo que tienen, pero todos tienen algo. Ves un señor con ojos de huevo y dices: «Yo ahí no me siento, que igual me los contagia». Cierto que te puedes contagiar, pero también te puedes curar... Yo miro de qué tiene cara cada uno y luego me siento al lado del que más me interese. Por ejemplo: si ando un poco estreñido, pues me busco a alguien que tenga cara de gastroenteritis o de andar un poco suelto, y me siento cerquita para ver si nos contagiamos un poco y nos equilibramos.

Al entrar, habría que decir:

—Buenas tardes, tengo jaqueca por forzar demasiado la vista. ¿Hay alguien que tenga ojo vago?

—Sí, yo. Siéntese aquí.

Y si nadie quiere hablar, que cada uno lleve un cartelito con su enfermedad. El caballero que va con cartel de incontinencia se sienta al lado de la señora que dice «Retengo líquidos» y, por la teoría de los vasos comunicantes, se equilibran. Si hubiera comunicación, la mitad de los casos se solucionarían en la sala de espera.

Es curioso. Allí nadie habla con nadie, pero tampoco

hay silencio. De vez en cuando suena algún suspiro de señora mayor. «Ayyy...» Parece que la pobre se está deshinchando. Las señoras mayores nunca están solas en una sala de espera. Suelen ir con una amiga de su edad o con una hija y, la verdad, es muy difícil saber cuál es la enferma y cuál la sana, porque allí todo el mundo tiene carita de pena. Incluso es difícil saber cuál es la madre y cuál es la hija. Hay gente que tiene cara de llevar allí desde antes de que pusieran la consulta del doctor.

—Pero, hombre de Dios, ¿cuánto tiempo lleva usted esperando?

—No lo sé. Yo estaba sentado en una silla en la calle y vinieron unos obreros y construyeron esta salita alrededor. Para mí mejor, que si llueve no me mojo.

Siempre hay un momento en el que la señora mayor intenta hablar bajito con la otra, pero todo el mundo las escucha. Es incómodo, porque a veces son temas íntimos y susurrados:

—Pues este médico fue el que me miró lo del quiste aquel de la axila.

—¿Y qué tal?

—Muy bien. Me lo pintó de blanco y negro, y así parecía que llevaba un balón de futbol debajo del brazo.

—¿No te lo quitó?

—Él no, pero me lo quitaron unos niños en el parque para jugar a la pelota.

—Claro.

En la sala de espera vives situaciones embarazosas con personas que no vas a volver a ver nunca. Esos sillones de cuero falso son terribles. A la mínima que te mueves suenan flatulentos. Claro, no sabes qué hacer. Todos te miran como diciendo: «Preferíamos los suspiros de la señora». Entonces, te mueves mucho como para dejar claro que no es lo que parece, pero, por alguna razón misteriosa, el sillón ya no hace ruido. Todos te miran como diciendo: «Sabemos lo que intentas, pero no nos engañarás». En ese caso, lo único que te puede salvar es una flatulencia real, para que todos digan: «Ah, pues sí. Era el sillón».

Toda sala de espera que se precie ha de tener una mesita con revistas. Hay algunas que no sé a qué esperan para cambiar las revistas. He llegado a ver *Interviús* de antes de que se inventara la silicona.

En las salas de espera de instituciones públicas no hay *Interviús*: hospitales, aeropuertos, Hacienda... Allí no hay sillones, ni cuadros de ciervos, ni mesitas de revistas... Allí hay una pantalla y todo el mundo la mira. Todos con su ticket en la mano a ver si sale su número. Yo cojo varios, así tengo más posibilidades. Siempre que hay que coger número me cojo veinte o treinta mil, pero no por mí. Lo hago para regalar esa discreta sensación de alivio a los que esperan con el número 22.000 y ven que en la pantalla todavía van por el 70. 70, 71... De repente, se ponen en el 21.998, 21.999 y 22.000. Lo hago por ellos, por regalar alivio a la gente que espera.

Esas salas de espera de lo público no tienen sillones de cueripiel. El sistema es otro. Sillas unidas por una barra de hierro. Es como una brocheta de sillas. Le pones unos mangos a los lados y es un futbolín de gente sentada. Si algún día inventaran el futbolín de jubilados, podrían basarse en esas sillas.

La sala de los aeropuertos es un sitio muy curioso para esperar. Llaman por turnos. «Pueden embarcar los clientes preferentes con tarjeta oro, platino, zafiro y rubí.» Para ir todos en el mismo avión y comer en un plato de plástico hay demasiadas castas, ¿no? ¿Qué diferencia de trato cabe ya entre oro, platino, zafiro y rubí? Van delante y llegan al destino unas milésimas de segundo antes que el resto, pero no me parece que valga la pena. Dicen que es para que el que la tenga pueda sentirse un poquito superior. No me parece suficiente. Deberían sacar la tarjeta plutonio. El que la tenga tiene derecho a elegir a un pasajero, comerse su comida y tirarlo por la ventana en pleno vuelo. Así sí que te sientes un poquito superior.

La vida no es otra cosa que una sala de espera. Esperas para hacer la digestión y poder bañarte en la piscina, esperas que ese día baje a la piscina la chica que te gusta, esperas a que te conteste un whatsapp, esperas para sacarte el carné de conducir y cuando lo tienes la esperas en el portal, esperas que llegue la noche perfecta, ella se queda en estado de buena esperanza, os desesperáis un poco pero al final la esperas en el altar, esperas a que esté libre el cuarto de baño, esperas para ir al médico y un día, sin que nadie se lo espere, te mueres.

¿SABÍAS QUE...?

Un viajero estuvo un año almorzando gratis en la sala de espera VIP del aeropuerto de Shaanxi, en China. Su billete de primera clase le daba acceso gratuito a la lujosa sala de espera, y a modificar la fecha de su billete cuantas veces quisiera. Así lo hizo: nunca llegó a realizar el viaje. Cambiaba todos los días el billete para el día siguiente. Así tenía acceso diario a la exclusiva sala VIP del aeropuerto, acondicionada con todos los lujos para los viajeros de clase *business*. Cuando los responsables de China Eastern Airlines descubrieron la picaresca, no pudieron denunciarle, pues el pasajero no estaba haciendo nada ilegal.

LAS ALARMAS

Como bien gritó Schopenhauer una vez,
«¡La inteligencia de una persona es inversamente
proporcional a su capacidad
para soportar el ruido!»

Las alarmas pueden dispararse por muchos motivos, por ejemplo porque sí. Ése es el motivo más frecuente. El segundo es la caída de meteoritos o invasiones de Godzilla, en cuyo caso el hecho de que te roben el coche es un problema menor. Sólo el uno por ciento de las alarmas corresponde a coches que están siendo robados. Si oyes una, es mucho más acertado bajarse al refugio nuclear que ir a ver qué le pasa al coche.

Las alarmas sirven para avisar a la gente de que algo va mal, por ejemplo de que hay un sonido muy molesto que está dejando sordo a todo el mundo. No está bien pensado. Cuando hay un incendio, un atraco o un Godzilla, lo último que necesitas es un ruido infernal reventándote la cabeza. Es como si para avisar de que hay un terremoto salieran serpientes por los desagües y miles de murciélagos por el aire acondicionado. Yo prefiero el terremoto, la verdad. Lo de los aspersores sí que está bien, porque una ducha siempre despeja, pero lo del ruido no.

Cuando llegan los bomberos, lo primero no es apagar el fuego, lo primero es apagar la alarma: si no, allí no hay quien trabaje.

Ahora todo tiene alarma: los cuadros, los coches, los andamios... No sé con qué frecuencia robarán andamios; imagino que muy a menudo. Te ven distraído, agarran el andamio por el asa, dan el tirón y echan a correr. Lo peor es ir a la comisaría a poner la denuncia.

—Venía a denunciar el robo de un andamio de nueve plantas.

—¿Algún rasgo característico del ladrón?

—Sí: llevaba al hombro un andamio de nueve plantas.

¡Malditos ladrones de andamios! Yo es que me indigno. Por su culpa hay que poner alarma en los andamios, y se da la redundante paradoja de que al armar el andamio hay que alarmar el andamio.

La primera alarma que oímos es la que traen de serie las hermanas pequeñas. Es como si tuvieran un sensor de malas intenciones. En cuanto entras en su espacio aéreo, salta la alarma: «¡Mamáaaaa!, ¡mamáaaaa!». Además, las hermanas pegan unos gritos que se oyen fuera del país. «¡Mamáaaaa, Luis quiere hacerme algo!» No saben lo que quieres hacerles, pero saben que es malo. «¡Mamáaaaa!» Claro, tu madre llega y te neutraliza en dos zapatillazos. Te castiga antes de que cometas el delito, como en la peli de *Minority report*.

Ojalá las alarmas de las motos detectaran las intenciones, porque ésas saltan con mirarlas. Da mucha pena. Es muy triste esa moto que pita sin que nadie la haya intentado robar. La moto queda mal, queda de creída. Es como una chica fea que se indigna por un piropo que no era para ella. Además te hace pasar un mal rato. Te apoyas para atarte los cordones, eso empieza a pitar y la gente te mira como diciendo: «No hagas que te atas los zapatos, porque todos sabemos que estás intentando robar esa moto». Eso es un peligro, porque a larga pasará como en el cuento de *Pedro y el lobo*: para robar una moto sólo habrá que atarse los cordones y mirar a la gente como diciendo: «Ay, estas alarmas..., es que saltan con sólo mirarlas».

Otro momento incómodo es cuando sales de Zara y salta la alarma. Es curioso, porque esa alarma sólo salta cuando alguien paga algo. Deberían ponerla en los juicios. En vez de declararte culpable o inocente, que tengas que pasar por la puerta de Zara: si pita es que eres inocente.

En el hogar es distinto. Hay muchos motivos para poner una alarma en casa; el más español de todos: hacerse el chulito delante de los vecinos. Se pone una pegatina bien grande en el balcón para que la vea todo el mundo. He visto pisos interiores que ponen la pegatina en el patio de luces para que la vea la comunidad. Es una pegatina que tiene la cara de un guardia, una gorra de policía y una estrella de sheriff, y si la pones ya no se acercan los ladrones. Es como el espantapájaros del siglo XXI. Los dueños del piso lo dicen como resignados: «Hemos tenido que poner una alarma por los retratos de macarrones que hizo Pablito el día de la madre. Los hemos llevado a tasar y resulta que tienen un valor sentimental incalculable».

Lo bueno de esas alarmas es que tienen una cámara que, cada vez que te desvalijan, te manda las imágenes al móvil. Hay casas que las han robado tantas veces que tienen hasta su propio perfil de Facebook. Si eres aficionado a los allanamientos de morada, subes el vídeo a YouTube y puedes tener un montón de visitas.

Una gran paradoja es...: ¿tendrán alarmas las tiendas de alarmas? Lo lógico es pensar que sí, porque les sale gratis, pero pensemos un poco más... ¿Qué tipo de ladrón va a robar una alarma? ¿Para ponerla dónde? ¿En su almacén secreto de material robado? Lo último que querría ese ladrón es que el ruido de una alarma atrajese a la policía hacia allí. Así que las tiendas de alarmas viven sumidas en un dilema que me río yo de Hamlet, príncipe de Dinamarca.

Hay alarmas en todas partes, hasta en el ascensor, por si te quedas atrapado. Hay tantas que la poli no puede llegar a tiempo a todas. El otro día robaron en el gimnasio y los ladrones tuvieron tiempo de escapar en las bicicletas estáticas.

Todas las cosas valiosas tienen alarma, desde una hermana hasta un ascensor. Estamos alarmados en todo momento. Nos han robado algo tan valioso como la tranquilidad, pero no nos hemos dado cuenta porque, cuando sucedió, no saltó ninguna alarma.

¿SABÍAS QUE...?

La palabra *alarma*, etimológicamente, viene de «¡al arma!», que era lo que se gritaba antaño para poner una fuerza en disposición de combate. Por ese motivo los tanques de guerra, los bombarderos y los submarinos atómicos no tienen sistema antirrobo, porque si saltara la alarma podría dar pie a un malentendido.

LOS BANCOS

Bien para sentarse y mal para sentirse

Entras en un banco. Vas a ver si te dan una hipoteca y sales con un seguro de vida, una domiciliación de cuenta, dos tarjetas de crédito, una de débito, un juego de sartenes y dos bolígrafos... Ibas a por dinero y sales sin un duro ya para toda la vida. Dices: «Bueno, pero tengo una casa». De eso nada: la tiene el banco. Se la ha comprado con tu dinero. Tú lo que tienes es un juego de sartenes y dos bolígrafos. Pedir una hipoteca es como hacer el amor en la playa a la luz de la luna: si no eres prudente, acabas con una relación para toda la vida.

Cuando te das cuenta de que hay cosas en la vida que no se pueden comprar con dinero, entonces usas la tarjeta de crédito. La tarjeta es algo que se inventó para que comprar fuera más fácil; pero pagar, mucho más difícil. Aunque no compres nada, la tarjeta tiene sus propios gastos. Es como si ella saliera por su cuenta y se tomara unas copichuelas a tu salud. Te dicen: «Es que la cuenta tiene unos gastos de mantenimiento». ¿Eso qué es? ¿Alguien que barre la cuenta cada mañana y le pasa una fregona? Mi cuenta no necesita mantenimiento: a mediados de mes yo ya la he dejado limpia, limpia, limpia.

¿Qué puedes hacer? Cambiar de banco es más difícil que cambiar de esqueleto. Llegas allí, dices:

—Hola, quiero cancelar mis cuentas.

Y se ponen todos serios. Te meten otra vez en el despachito y sales de allí con otro seguro de vida, dos cuentas nuevas, más tarjetas de crédito, otro juego de sartenes y dos bolígrafos.

Una vez mi sobrino se tragó un euro y me llamó mi asesor. Él lo tenía muy claro:

—Tú nos dejas al chaval a plazo perpetuo, con una rentabilidad variable y no garantizada, supeditada a la obtención de beneficios, con posibilidad de amortización a partir del quinto año..., y, cuando el chaval tenga dieciocho años, ese eurito que ahora tiene en el estómago se habrá convertido ya en un euro con veinte.

Te quedas mirando como con ojos de Furby, y el tío te dice: «Está muy bien, hazme caso». Y te convence. Tú le crees. Por una extraña razón, los seres humanos creemos que los banqueros son amigos nuestros. De hecho, alguno se cree que el banco también es suyo: «En mi banco me han dicho esto...», «En mi banco me han dicho lo otro...». Siento quitarte la ilusión, pero ese banco no es tuyo. Si quieres decir que tienes un banco, es muy fácil: firma el contrato de la hipoteca sin leerlo. Cuando tu banco se quede con tu casa y tengas que dormir en un parque, ya podrás decir: «Éste es mi banco y aquí tengo el *Financial*

Times para taparme. Ah, y un juego de sartenes y dos bolígrafos».

El asesor está al otro lado del mostrador, pero él hace como que no forma parte del banco. Te dice: «Está muy bien. Hazme caso», o «Déjame que te aconseje lo mejor para ti...». Un momento... Pero ¿usted no es de aquí? Es como si en un partido Madrid-Barça arbitrara Florentino Pérez.

La misión del asesor es que parezca que no trabaja allí; es un agente doble. Te dice cosas como: «Es que si haces esto te van a cobrar una comisión». Te lo suelta así: «Te van a cobrar...», como diciendo: «Alguien que no soy yo y que no tiene nada que ver conmigo te va a cobrar una comisión». Es curioso: si te cobran comisión, te la cobra el banco; pero si te la quitan..., ¡te la quita él! «Te voy a quitar esta comisión», «No te preocupes, que esto te lo quito yo». No me digas que no es para comérselo. Un día llega y te dice:

—Tengo un producto financiero especial para ti.

Eso te enamora. Nunca nadie antes había tenido un producto financiero especial para mí. Aunque, si realmente fuera amigo, nos diría la verdad:

—Esto te interesa. Hazme caso. Es algo sólo para clientes preferentes.

—¿Y cuáles son clientes preferentes?

—Clientes a los que preferimos estafar.

Al fin y al cabo, todo es por un problema de comunicación. Los bancos son como los niños y los borrachos: cuando hablan... cuesta mucho entenderlos. Debería haber un diccionario seres humanos-bancos / bancos-seres humanos.

El TAE, ¿eso qué es? Tienes un préstamo al cinco por ciento, haces cuentas y ves que estás pagando al once. Vas al banco y te dicen:

—No, hombre, no. El préstamo está al cinco; lo otro es el TAE.

Allí todo se justifica con el TAE. *Tae* para aquí, *tae* para allá.

Los bancos nunca han sido amigos de la transparencia, empezando por los escaparates. Esas ventanas opacas, como con cortinillas... ¡Eso parece un sex-shop! Bien mirado, un banco es muy parecido a un sex-shop: hay personas en cabinas, cualquier cosa que pidas cuesta una pasta y en ambos, si vas con mucho dinero, te dejan ir a un cuartito a solas con otra persona.

Ahora los bancos están lavándose la cara y tienen eslóganes como: «Aquí eliges a qué quieres que dediquemos nuestro presupuesto de obra social», que significa: «Con el dinero que ganemos al vender los pisos de la gente a la que desahuciamos, si quieres compramos unos ponchos».

Esos carteles que tienen en la oficina... ¿Alguien se ha fijado alguna vez en los pósteres publicitarios que hay en los bancos? ¡No se entiende nada! Estás en la cola, miras al póster... y ves una chica en bicicleta por el campo, y debajo pone: «Tu futuro es nuestra preocupación».

Me encantaría llegar a la ventanilla y decir: «Por favor, ¿me pone uno de esos de "Tu futuro es nuestra preocupación"?». ¡Son publicidad abstracta! Miras otro y ves a un señor pescando y pone: «Tu tranquilidad es la base de tu bienestar». Parecen poemas de Rabindranath Tagore. Me encantaría ver uno que dijera: «Si lloras porque sube el euríbor, las lágrimas no te dejarán ver el suelo de tu hipoteca». Lo lees una y otra vez porque lo tienes delante: «Tu futuro es nuestra preocupación», «Tu futuro es nuestra preocupación»... Y tú, que llevas en la cola más de dos horas, dices: «Me habéis hecho una hipoteca, tres tarjetas y un seguro, y tengo a mi sobrino a plazo fijo. Mi futuro será vuestra preocupación, pero está claro que mi presente os importa un huevo».

¿SABÍAS QUE...?

Se ha hablado mucho de los bancos. Bertolt Brecht, por ejemplo, dijo: «Sólo hay una cosa peor que atracar un banco: fundarlo». Para Bob Hope, «Un banco es un lugar en el que te prestan dinero siempre y cuando puedas demostrar que no lo necesitas». Jardiel Poncela escribió: «No hay nadie que viva tan preocupado por el dinero como los ricos, exceptuando los pobres». Y según Franklin: «Esos que piensan que con dinero puede conseguirse cualquier cosa acaban haciendo cualquier cosa por dinero».

¿Y QUE...?

La moneda en circulación más valiosa del mundo es la Perth Mint, acuñada en Australia. Tiene ochenta centímetros de circunferencia, doce centímetros de grosor, es de oro puro y pesa una tonelada. Una vez la tiraron al aire, salió cruz y ahí sigue.

LAS FERIAS

Un lugar mágico donde los sueños se hacen pesadillas y las pesadillas se hacen realidad

¡Ay, la feria! Coches de choque, yonquis con peluca, tiro al blanco...: allí sólo disfrutas si eres un delincuente. Alguien dirá: «A los niños les gusta». ¡Mentira! A los niños no les gusta. Los caballitos son como los Reyes Magos de los centros comerciales. Allí sólo se puede ir a llorar. Debería ser un castigo:

—Niño, si no te comes toda la verdura te llevo a la feria, te subo en los caballitos y te doy una manzana pinchada en un palo.

—¡No, por favor! ¡A la feria no! ¡Me comeré la verdura y hasta los geranios del balcón, pero a la feria no!

A quienes les hace ilusión es a los padres. La feria sucede una vez al año y siempre por las mismas fechas, como el herpes. En todas las ciudades de España hay un descampado, perfectamente equipado con botellas rotas, charcos, un colchón abandonado..., y de repente un día todo se llena de camiones y allí se levanta el templo de la ilusión: noria, montaña rusa, turbina de la muerte, gusano loco...

¿Todo eso es seguro? ¿Seguro que el barro es la mejor superficie para edificar una montaña rusa o una turbina de la muerte? Yo no dudo de la seguridad, sólo digo que el que lo maneja no se sube. Ése se queda abajo. Lo ves ahí con su camiseta de Iron Maiden, sus dientes de oro, sus tatuajes verdes de trazo grueso... Si ese tío, que ha mirado al infierno a los ojos, no se sube, es porque sabe algo que nosotros no sabemos.

Alguien podría pensar que no se sube porque necesita controlarlo todo desde tierra. Pero... ¿qué controla? Yo me he asomado al panel de control y eso tiene dos botones, uno rojo y uno verde. Basta con que no sea daltónico. Su misión más difícil es que la gente se mida en ese cartel con forma de loro que pone: «¡Amiguito! ¡Para subir aquí hay que ser así de alto!». Un cartel que tiene dibujada la regla más imprecisa que he visto en mi vida. Espero que las mediciones para instalar la atracción no las hayan hecho con esa regla. Mucho medir a la gente antes de subir, y sin embargo nadie te pregunta cuánto tiempo hace que has comido. Eso habría que revisarlo. En la montaña rusa hay gente que se marea. Yo propongo que si has comido hace poco te pongan cinta americana en la boca. Al lado de la regla con forma de loro, un osito con un rollo de cinta americana: «¡Amiguito! ¡Si has comido hace menos de tres horas, tengo que amordazarte con esto!».

La atracción más difícil de controlar es el tiovivo, porque hay que saber calibrar la velocidad del aparato. Eso ya es arte mayor. Hay tiovivos que van tan rápido que parece que hay niños repetidos. Y si van despacio es peor, porque hay una zona en la que el niño no disfruta. Es la llamada cara oculta del tiovivo. Me explico... Todos sabemos que los niños se suben a los tiovivos para que los vean sus padres. Si tu padre no te ve, no disfrutas; y si tu padre es tuerto, disfrutas la mitad: eso está demostrado. En esa parte del recorrido en la que el padre no ve al niño, el niño no sonríe. Yo recuerdo aquellos momentos de soledad y tristeza. Recuerdo que, cuando mis padres me subían, iba muy alegre.

—¡Mírame, papá! ¡Mírame, mamá...!

Y de repente, cuando eso giraba y entraba en la cara oculta del tiovivo, me invadía la tristeza. En ese momento tu vida no tiene sentido, te sientes solo, triste, echas de menos a tus padres, te ves ridículo encima de un caballo de resina. Entonces miras al niño de al lado, apesadumbrado:

—¿Qué? Aquí con los padres, ¿no?

—Es que lo que no haga un hijo por sus padres...

—Parece mentira. Ahora los ves ahí, mirándote y comprándote globos, y cuando te quieres dar cuenta..., ya se han ido.

—Sí, como un globo que se desata y sube al cielo.

—¡Qué gran verdad, amigo! En fin... Sonríe, sonríe, que ya los veo desde aquí.

—¡Mírame, papá, mírame, mírame, caballito bonito, papá, caballito bonito!

Por eso el tiovivo no ha de ir demasiado lento. Sabes que la velocidad es la adecuada cuando el niño no se quiere bajar. Pasa muchas veces. En esos casos, el conductor de tiovivo lo que hace es acelerarlo a 6.000 rpm para que los niños salgan disparados y se les claven en el pecho a los padres. Después, el conductor del tiovivo detiene el aparato y los caballos de resina vomitan melaza en un cubo que luego sirve para bañar las manzanas de caramelo.

La gente no lo sabe, pero los tiovivos de Australia, debido al efecto Coriolis y a los polos magnéticos, giran al revés que aquí. Tú coges un caballito europeo, lo pones en un tiovivo australiano y se pasa el día chocando contra el que viene de frente. Es importante el animal que se pone en el tiovivo. Una vez, en lugar de caballos pusieron ovejitas, y los padres se quedaban dormidos viendo a los niños.

Una de las atracciones más incomprensibles de la feria es ese circuito de coches que hace un recorrido elevado. Está muy bien, pero tiene poco criterio. Es una pista de scalextric donde corren un Ford T, un coche de Fórmula Uno, una carroza de princesa, un camión de bomberos y una olla caníbal... ¿Quién ha hecho ese casting de vehículos? ¿A quién coño se le ha ocurrido poner ahí una olla caníbal, que no tiene ruedas? Pon un coche de choque, que los tienes en la atracción de al lado y están la mitad parados. De hecho hay uno que el dueño lo utiliza como un patinete. Se agarra a la banderola y va empujando con el pie. Si no quieres arreglar ese coche, lo pones en el scalextric y que corra con el coche de bomberos, la moto de policía y la nave espacial.

Los coches de choque son tema aparte. El modelo es muy feo, parecen un mocasín con faros. En mi opinión, deberían ser todos Hyundai Coupé. Eso luego se extrapola a la vida real: tú ves un Hyundai Coupé con música de Camela a todo volumen y ya sabes que, o le chocas, o te choca.

Y para terminar están los juegos de habilidad tipo tiro al blanco, lanzar dardos, aplastar topos con un martillo gigante... Para el que no lo sepa: son un robo. Es imposible ganar. Es el único caso en el que la víctima va armada y el ladrón no. Pero es mejor así, porque son juegos en los que los premios son demasiado grandes... y luego tienes que ir cargando con él por toda la feria. Es muy frustrante para el niño, pero no porque tenga que cargar con un Pikachu del tamaño de una nevera. No. Lo frustrante para el niño es que hay atracciones en las que él no puede entrar, «porque no es así de alto», pero el Pikachu sí. Por eso, los feriantes intentan que no ganes nunca. Lo hacen por nuestro bien.

¿SABÍAS QUE...?

La primera imagen que se tiene de un carrusel aparece en un bajorrelieve bizantino del siglo VI. Su nombre deriva de *carosella*, o pequeña batalla, ya que eran usados para entrenamiento militar. Sólo los guerreros más temerarios y corajudos subían al tiovivo, mientras sus hijos esperaban abajo pacientemente. Luego, cuando terminaba el entrenamiento militar, los guerreros lloraban desconsoladamente y sus hijos eran los encargados de consolarlos comprándoles un algodón de azúcar o un globo. Con el desarrollo de la mecánica en el siglo XIX, aparecieron los dispositivos para subir y bajar los caballos, y a partir de entonces, hasta el día de hoy, tiovivos y carruseles siguen en nuestras ferias y parques de atracciones cumpliendo con éxito su cometido: inducir el vómito.

LOS MUSEOS

Mire usted este cuadro hasta que sea arte

El sexo en el matrimonio es como los museos de la propia ciudad: puedes ir cuando quieras y por eso no vas nunca. Eso sí, cuando vas de visita a otra ciudad intentas visitar todos los que puedas.

Los museos de arte moderno se inventaron porque hay cuadros que no quedan bien en ninguna casa. Los Guggenheim, por ejemplo, son gente que se ha tenido que pillar un trastero en Bilbao. El museo es una preciosidad, pero hay cosas dentro que cuesta entenderlas. El arte contemporáneo es todo aquel que no se había hecho hasta el momento y que esperemos que no se vuelva a repetir.

No sólo existen museos de arte. Hay museos de casi todo. Está el Museo del Ferrocarril, el Museo del Anzuelo, el Museo de la Alpargata Desparejada... y hasta hay un Museo de la Tos, muy cerca de Aléndula, que es una ciudad que me acabo de inventar. En estos museos se estudia todo con una minuciosidad casi grosera. De repente un día, cuando menos te lo esperas, surge una colaboración del Museo del Ferrocarril y el Museo de la Tos y nace una exposición itinerante sobre la tos en los ferrocarriles: la tos en primera clase, la tos que suena en el compartimento contiguo, la tos que provoca la carbonilla en los maquinistas, la tos del fogonero... Todo catalogado, fotografiado, medido y embotellado. Si esa exposición es visitada por más de seis personas, se considera un éxito arrollador y se funda el Museo de la Tos en el Ferrocarril. Hace pocos meses, el Museo de la Alpargata Desparejada cerró un acuerdo con el comité organizador del Museo del Anzuelo y la Diputación Provincial de Toledo espera con ilusión el nacimiento del nuevo Museo de la Alpargata Desparejada Pescada con Anzuelo en los Arroyuelos de Toledo. Ahora todo está muy parado, pero no descartemos leer en los periódicos que se abre el Museo de la Tos en los Ferrocarriles que Atraviesan los Ríos Toledanos en Cuyos Puentes la Gente Pesca con Anzuelos Alpargatas Desparejadas.

Hay museos de todo, pero yo echo en falta un Museo de los Sueños. Está claro que el hombre sueña desde que tiene memoria, que yo recuerde. Pero seguro que no soñaban lo mismo los hombres de las cavernas que los egipcios o los frailes de la Edad Media. No me imagino yo a un fenicio soñando que se presenta a los exámenes de fin de carrera sin haber estudiado; o a un azteca soñando que se cae por el hueco del ascensor; así como tampoco me imagino a un leñador del medievo soñando aterrorizado que se le caen todos los dientes, más que nada porque en la

Edad Media el otoño dental era algo que estaba en boca de todos. La verdad, no sé cómo se podrían recuperar los sueños y las pesadillas de aquellos señores del pasado. Ya me cuesta recordar lo que he soñado esta noche, como para remontarme a los sueños de los hombres de las cavernas. ¿Hay fósiles de sueños? En una almohada viscoelástica seguro que sí. Ese material es muy dócil y, aunque el sueño burgués es ligero, seguro que deja rastro. Un Museo de Fósiles de Sueños sería estupendo.

Gracias a la ciencia podemos conocer el ADN de una señora muerta hace cuarenta mil años, pero ¿con qué soñaba esa señora? ¿No ha quedado nada? ¿De verdad que la ciencia no puede rastrear el sueño de un pastor visigodo sobre el pedrusco que usó para echar la siesta? Pues vaya caca. Si queremos un Museo de Fósiles de Sueños de la Humanidad, sospecho que va a haber que inventarlo.

¿SABÍAS QUE...?

El 18 de mayo es el Día Internacional de los Museos. Si quieres salirte del clásico museo, puedes visitar en Navarra el Museo de la Trufa; en Gijón, el Museo de la Gaita; y en Luarca, el Museo del Calamar Gigante. Uno de los museos más curiosos que pueden visitarse es el Museo de las Falsificaciones, en París, con más de trescientos objetos entre los que hay falsas estatuillas de Rodin, un Dalí ficticio e imitaciones de la obra de Giacometti. También hay un museo dedicado a las falsificaciones en Viena, el Fälschermuseum. Se teme que uno de los dos museos... sea falso.

LAS ROTONDAS

Circular en círculos

En España hay más rotondas que en todo el resto de Europa junta. Podríamos exportar rotondas, que tienen muchas salidas; pero no, las necesitamos todas aquí. ¿Por qué? Pues porque somos inseguros. La rotonda es como si la carretera te dijera cada dos por tres: «¿Seguro que vas bien? ¿Seguro que no quieres dar la vuelta? Venga, da la vuelta, que vas mal».

Sobran rotondas. Hay zonas que las ves en el Google Earth y parecen una caja de roscos de vino. Te las haces todas con el coche y el TomTom acaba pidiéndote un Espidifen. Lo bueno es que una rotonda es como un huevo Kinder: dentro tiene sorpresa. Puede haber un helicóptero, un astronauta, un hipopótamo en una bañera... Tú te estrellas con un helicóptero en medio de una rotonda y puedes dejar allí los hierrajos humeantes, que la gente se cree que es una escultura. El otro día me pusieron una multa por dejar una lavadora en la calle en lugar de llevarla al Punto Limpio. La próxima vez la dejo en una rotonda.

¿Cómo te crees que hacen los ayuntamientos cuando se les satura el Punto Limpio? Lo reparten todo por las rotondas de España y dicen que es arte. No es arte. Pocos Velázquez he visto yo en rotondas. Lo de las rotondas no es arte, es algo que tiene mucho más mérito. El arte normal, con ser artista es suficiente. El arte de rotonda española no es tan fácil: piensa que tienes que hacer algo suficientemente feo y suficientemente grande como para dejarlo abandonado en la carretera y que no lo robe nadie. Ponte tú, a ver qué se te ocurre. Lo peligroso es que esos monumentos pueden afectar a la conducción. Uno llega a la rotonda y, entre el mareo del giro y la imagen de un elefante en patinete que echa agua por la trompa, te paran a la salida y das positivo en cannabis, ácido lisérgico y sapo psicotrópico.

Las rotondas están bien, pero no tantas. No, porque ralentizan la circulación. Es como si todas las puertas de todos los edificios, en todos los pisos y en todas las habitaciones, fueran puertas giratorias. No es buena idea. La rotonda ralentiza la circulación porque hay que hacerla despacio. Aunque luego la gente hace lo que le da la gana. El autobús de mi colegio tomaba las rotondas tan rápido que siempre perdía dos o tres niños delgadurrios por las ventanillas.

El problema más grande de las rotondas es que crean indecisión. Muchas veces pasa que uno entra en la rotonda, no tiene muy claro cuál es la salida y decide dar otra vuelta a ver si se aclara. Das dos, tres vueltas... Eso nunca funciona. Cada vuelta que das, estás más mareado y es más difícil tomar una decisión. Además, muchas veces el tráfico es vertiginoso, uno no sabe quién tiene la preferencia y, por no molestar, prefiere quedarse a dar otra vuelta. Hay gente que se ha llegado a quedar horas en una misma rotonda. Recuerdo una parejita, él muy tímido y ella muy indecisa, que pasó varios años dando vueltas a la misma rotonda. Al principio no sabían cuál era su salida, no se decidían; poco a poco fueron cogiendo el carril interior y ya no pudieron salir nunca. Él ponía el intermitente, pero como nadie le cedía el paso..., pues fue pasando el tiempo. Entre que discutían si era mejor llegar tarde a su destino o regresar por donde vinieron, se acostumbraron a la rotonda y se quedaron a vivir. Repostaban en marcha como en la peli *Speed* y, como la cosa iba para largo, hacían turnos. Mientras uno conducía, el otro dormía o hacía un crucigrama. Al final, cuando tenían el punto cogido al ángulo de la curva, pusieron un palo atrancando el volante y ya no tenían ni que conducir. Eso les permitió saltar a la rotonda y hacer allí un pequeño huerto. Cultivaban tomates, lechugas y patatas... Por el día regaban su huerto con el agua que salía de la trompa del elefante, y por la noche volvían a dormir al coche, que no paraba de dar vueltas a la rotonda con el intermitente puesto. Pasaron los años: adoptaban a los niños que iban cayendo en su huerto, procedentes de los autobuses de los colegios cercanos, y formaron una familia. Al principio fue muy duro para todos, pero aprendieron a entenderse y fueron felices. Un día, un señor majo que iba en un Seat Ibiza les cedió el paso y pudieron dejar la rotonda.

¿SABÍAS QUE...?

Circular, etimológicamente, viene de *círculo,* que a su vez viene de *circo* y de *culo*. ¿Lo sabías? Pues es mentira.

PERO PUEDE QUE NO SUPIERAS QUE...

En España hay más rotondas que gente que se llama Federico. Nuestro país disfruta actualmente de más de veintitrés mil rotondas, mientras que tan sólo hay unos diecinueve mil seiscientos Federicos. Si algún día el Gobierno decide poner un Federico en cada rotonda, es posible que algunos de los que pongan sean falsos.

LAS ABEJAS

Si quieres las tomas y si no las dejas

Las abejas dan más miedo que los toros. Se puede demostrar científicamente. Los toros son más grandes, pero las abejas generan más terror por centímetro cúbico. Un torero se pone delante de un toro de seiscientos kilos y tiene mérito, lo reconozco. Pero si al abrir la puerta de toriles salieran a la plaza seiscientos kilos de abejas furiosas, ese tío se caga en los pantalones. Seiscientos kilos de abejas, a gramo y medio por abeja, son cuatrocientas mil abejas. ¡A ver quién torea eso! ¡Que salga el picador, a ver quién pica a quién! Y no es por la cantidad. Cuanto más rebajes el número, peor. Imagínate seiscientas abejas nada más, pero de un kilo cada una; o todavía peor: seis abejas solamente, pero de cien kilos cada pieza. Seis abejas como seis remeros vascos. Pon ahí unas banderillas a ver si te atreves.

Una abeja suele sembrar el terror allá donde esté. En un coche, en un quirófano o dentro de unas gafas de bucear. Dan miedo, sí. Sin embargo, son imprescindibles para nuestro ecosistema, y los científicos están muy preocupados por sus hábitos de reproducción (por los de las abejas). Si las abejas desaparecieran, se extinguiría la vida en la Tierra en menos de quince días. Se rompe el equilibrio ecológico. Si desaparecieran las lombrices de tierra, los escarabajos peloteros, los mosquitos, el plancton o las algas se extinguiría la vida en la Tierra. Al parecer nosotros somos la única raza cuya extinción sólo traería cosas buenas para el resto del planeta. Un ecologista convencido debería tomar menos leche de soja y más cianuro.

Una picadura de abeja no es agradable; por eso los apicultores llevan esos trajes con los que parece que uno vaya a batirse en duelo con florete. Son raros. La sensación que uno experimenta al ver un traje de apicultor es grima.

Las abejas pueden ser de varios tipos: pueden ser obreras como la de Rumasa, o pueden ser zánganos como los de Rumasa. También pueden ser mexicanas, como la pequeña y dulce abeja maya.

Las autoridades sanitarias recomiendan no tirar piedras a las colmenas, no dejar bebés encima de avisperos y no disparar contra los enjambres. Las abejas están incluidas dentro de una categoría que los entomólogos llaman «bichos que pican», como las arañas, los escorpiones, los pimientos de Padrón, los peces o los practicantes. De todos éstos, la abeja y el pez son los más parecidos, pues ambos, cuando pican, mueren. Eso no es del todo justo. A ti te hace daño, sí, ¡pero la abeja muere! Eso es como si a tu padre, cada vez que te da un capón, se lo comiera el virus del Ébola. Mucho te tienes que merecer ese capón para que se anime.

La abeja sólo pica si se la cabrea mucho. El pobre bicho tiene que pensárselo dos veces: «Joder, tengo familia que mantener, un panal y dos hijos estudiando en la universidad. ¿Voy a tirarlo todo por la borda por hacerle una roncha al tío este de la chancleta?».

Cuando una abeja está decidida a picarte no se puede hacer nada. No puedes razonar con ella. ¿Qué vas a hacer? ¿Sobornarla? ¿Hacerle un regalo? «A esta abeja le voy a regalar un balón gástrico para que deje de picar entre horas...»

El mayor especialista en abejas del mundo es un señor de Minnesota que sale todos los años en el *Guinness* con una barba de cien mil abejas que le llega hasta las ingles. Es una especie de Santa Claus de Minnesota. Cuando ese hombre bate el récord, el notario del *Guinness* también supera el récord del hombre que más abejas ha contado. Así se entretienen los dos año tras año.

La gente no lo sabe, pero en la Universidad de Abejas de Minnesota, The Minnesota's University Abejs' School, todos los estudiantes salen en la foto de la orla con una barba de abejas. Es muy elegante. El problema es que se te puede meter una abeja en la oreja. Como allí hay cera, la abeja se siente atraída. Además, la oreja es como una flor de carne. La abeja se mete dentro y luego, ¿cómo la sacas? Lo mejor es empujar con un lápiz mientras un amigo aspira por la otra oreja.

Otra manera de solucionar el problema, y esto vale

para cualquier insecto que se nos meta en la oreja, es meter una rana, una ranita de esas pequeñitas que proyectan la lengua. El problema viene cuando la ranita se aventura demasiado en el conducto, se come al insecto, engorda y ya no puede salir. Entonces hay que meter por la oreja una pequeña serpiente comerranas y, en caso de que la serpiente también se nos quede dentro, habría que meter un águila culebrera pequeña, atada con un cordel. Por eso el emblema de Universidad de Abejas de Minnesota es una abeja, una rana, una serpiente y un águila culebrera envueltas por la leyenda «No hay problema que no tenga solución».

¿SABÍAS QUE...?

El simpático personaje de la Abeja Maya fue creado en 1912 por el escritor alemán Waldemar Bonsels. Un investigador de la Universidad de Múnich relaciona al señor Bonsels con la ideología nazi. Eso podría arrojar algo de luz al verso de la canción que dice «No hay problema que no solucione Maya». Podemos entrever a qué tipo de solución se refiere.

LOS ZOMBIS

Sólo se muere una vez

Sólo se muere una vez y hay que hacerlo bien a la primera. Lázaro de Betania se murió mal y hubo que montar un cristo para arreglarlo. Lo malo de la resurrección es que luego, la segunda vez que te mueres, ya no hace tanta ilusión, te mueres distinto, vas mosqueado pensando: «Bueno, a ver si esta vez va en serio». A mí no me gustaría que me resucitasen: debe de ser como cuando te despiertan de la siesta. Estás todo muertecito, yendo hacia la luz, y de repente...

—Levántate y anda... Huy, perdona, ¿estabas muerto? No me había dado cuenta. Sigue, sigue muerto, que no era para nada importante.

Y ahí ya no te puedes volver a morir.

Jesucristo también volvió de entre los muertos. Sus discípulos le reconocieron al partir el pan. No se me ocurre cómo alguien puede partir el pan de una forma tan espectacular que sea más llamativa que el propio zombi en sí. Aunque Cristo resucitado hiciera malabares con todas las rebanadas de un pan Bimbo, un zombi me sigue impresionando más.

Los zombis pueden ser de dos tipos: zombis de ritmo lento y zombis de ritmo rápido. Son como la gente que te encuentras a las siete de la mañana en un *after hours*, que pueden ser zombis espídicos o cannábicos según las aspiraciones que hayan tenido en las últimas horas.

De acuerdo con los grabados de la época, Lázaro era delgadito, con barba y con un poncho. Era un zombi hípster, es decir, uno de los lentos. Antiguamente todos los zombis eran lentos, se te acercaban despacio y cayéndose a trozos como una furgoneta de mercadillo. ¿Eran peligrosos? No mucho, pero eran muy insistentes. Te comían el cerebro de pesados que eran. Usaban técnicas de voluntario de Greenpeace. Al final decías: «Venga, comeos mi cerebro y dejadme en paz de una vez, que no se puede con vosotros de cansinos que sois».

Los zombis lentos van en manada, rodean tu casa y empiezan a gruñir. Son los precursores del escrache. Para los ataques de estos zombis, se recomienda clavar puertas y ventanas. Antes ponías los muebles de roble contra la puerta y no había zombi humano que pasara, pero ahora con los muebles de Ikea no hay quien repela un ataque de muertos vivientes. Pones el aparador Stornäs contra la ventana, encima la mesa Lack, lo clavas todo con los tornillos Tôrn y los zombis entran en tu casa como en el cuento de los tres cerditos: soplando. Aunque casi es peor un ataque zombi en una casa de diseño. Tapiando las ventanas con muebles de Philippe Starck, con sillas de metacrilato... Es horrible, porque ves al zombi al otro lado de la silla. Babeando, amenazando con comerte las entrañas y, lo que es peor, rayándote la silla con las uñas. Se te mete uno en casa y tienes que defenderte con el exprimidor con forma de cohete y la cubitera que parece un orinal.

Después de los zombis lentos se inventaron los zombis espídicos. Esos zombis veloces y rabiosos que corren hacia ti y dan mucho miedo. Lo mejor es torearlos. El torero de zombi veloz tendría mucho éxito. Se espera al zombi a porta gayola, se le dan unos capotazos y luego se le ponen las banderillas en el cráneo. Unos sanfermines de zombis rápidos serían bestiales. El encierro no dura más de cincuenta y ocho segundos. Los corredores sin periódico, para que no les pese, y los zombis derrapando en la curva de Telefónica levantando los adoquines. Sin embargo, el encierro de zombis lentos iba a ser un poco pesado. En los siete días que duran los sanfermines sólo da tiempo a hacer uno. Esos zombis remolones, que se tropiezan con una colilla... Habría que ir detrás de ellos empujándolos. Y los polis intentando diferenciar a los zombis de los extranjeros borrachos.

El zombi, por lo general, no es aseado. Lo ves venir todo mugroso y lo primero que se te ocurre es matarlo disparándole al corazón una bala de jabón.

¿Es malo que te coma un zombi? Yo conozco personas que si las muerde un zombi mejoran. Hay gente que no sabría a qué carta quedarse. Esos señores que hablan mucho y se les acumula la salivilla blanquecina en la comisura de los labios, esa especie de sustancia tipo mousse muy desagradable, que es como la puntilla de unos huevos fritos... Esos tíos están a medio camino entre la persona y el zombi. Los nuevos zombis, en lugar de sangre o pus, deberían llevar ese liquidillo blanquecino, que da mucho más miedo. Oradores con salivilla a punto de nieve en los bordes de la boca, que se te acercan, te dan dos besos y te dejan sus merenguitos en las mejillas... ¡Y ya estás infectado! El peor de todos es el que concentra esa babilla delante, en la punta del labio inferior y el superior, ambos unidos por una puntadita de baba. Abre y cierra la boca y tú ves el hilillo arriba y abajo que se mantiene como en una máquina de coser. Es el zombi tricotosa. Todos somos susceptibles de sufrir eso. Sólo pido a mis amigos que, si alguna vez me ven esa sustancia blanquecina en la boca, me avisen con un sutil manguerazo. Yo tenía un profesor al que se le acercaban los pájaros a picotearle la salivilla. Nunca nadie le dijo nada. Nunca se dio por aludido, pero a aquel hombre, si le mordía un zombi, le mejoraba su calidad de vida en un 34 por ciento.

¿SABÍAS QUE...?

Lázaro de Betania tiene dos tumbas, una en Betania y otra en Chipre. Se ve que una vez resucitado no pudo devolver el sepulcro contratado. Lo más normal es que hubiera tirado el ticket. Lógico: quién iba a imaginarse lo de la resurrección. El problema es que no hay un mercado de sepulturas usadas. No hay un mercado de tumbas de segunda mano. Sólo se muere una vez y ese día te apetece estrenar algo. Nadie quiere un sepulcro usado. Vamos, no lo quiso ni él, que teniendo una tumba ya pagada en Betania prefirió que lo enterraran en Chipre. El de Betania le ha quedado como segundo sepulcro o sepulcro de veraneo.

LA CARPETA DE LOS DOCUMENTOS DEL COCHE

Todo lo que usted nunca quiso saber y siempre se han atrevido a preguntarle

Las gentes de a pie guardamos nuestras cosas valiosas en sitios feos: dentro de un colchón, bajo un felpudo, en una bolsa escrotal... Sin embargo, el peor contenedor de cosas importantes es la carpeta de los documentos del coche.

Esa carpeta da mucha pereza. Nadie quiere saber nada de ella. Cuando nos piden los papeles, hacemos la técnica del bufé libre: le damos el mazacote al poli y que coja él lo que quiera. Esa carpeta es como el paquete intestinal de cada uno: no sabes muy bien lo que tiene dentro, pero sabes que lo necesitas para funcionar.

¿Por qué esa falta de afecto hacia la pobre carpeta? Pues porque está hecha del material más poco apetecible y más repugnante creado jamás, esa especie de plástico que parece piel o de piel que parece plástico, no sé. Puede ser plástico porque huele a colchoneta de playa, pero puede ser piel porque suda. Los creadores de ese material han estado muy cerca de crear vida. No sé cómo lo han conseguido, pero esa carpeta tiene unas glándulas que, con los cambios de temperatura, segregan ese liquidillo pegajoso y almizclero. Es sudor. No. ¡Es peor que el sudor! Ese liquidillo tiene el mismo efecto adhesivo que los tranchetes. Vas a coger los documentos del coche y es como una lasaña de papel, plástico, papel, plástico... Claro, eso con el calor se recuece, plástico y papel se funden y cuando intentas sacar de ahí un documento es como si lo depilaras. El 70 por ciento de las letras se quedan pegadas al plástico. Es más fácil pagar las letras del coche que despegar las letras del plástico.

Un día te paran, te piden los papeles y la poli no sabe si tienes un RENAULT o un R ULT. A mí aunque me pidan los papeles les doy los plásticos, que tienen más letras. Y si les faltan algunas, que las vayan pidiendo, como en «La ruleta de la suerte».

—¿Quiere usted comprar una vocal?

—Sí, la E.

—Estupendo. RE__ULT _ÉG_NE

—Quiero resolver: RENAULT MÉGANE.

—¡¡Correcto!!

Ese plástico te hace una copia ilegal del documento. La poli te deja marchar, pero como te pille la SGAE te pone una multa que se te corta la leche.

¿Quién eligió ese material para guardar los papeles? Es imposible encontrar uno peor. Tú llevas los documentos entre dos filetes de ternera y van mejor que en esa carpeta. Yo creo que se le ocurrió al mismo que inventó las piruletas con palo de papel. Eso es tan estúpido como hacer fregonas con palo de azúcar o supositorios efervescentes.

La pobre carpeta va saturada. Hay quien le pone un par de gomas elásticas para que no se abra. Pobres gomas. Al principio están tensas y vigorosas, pero con el tiempo van perdiendo la ilusión. Al final ya ni agarran. Van ahí dadas de sí, sin apretar, como un collar. Un día, si nieva, las puedes quitar y te valen como cadenas para las ruedas. Total, los papeles no se van a escapar. Llevan ahí tanto tiempo que ya se conocen. El documento más antiguo es el calendario de propaganda del concesionario. Tú lo metes ahí el día que compras el coche y no lo vuelves a mirar hasta el día que lo vendes. Para saber la edad de un coche, lo mejor no es mirar el kilometraje o la fecha de matriculación: lo mejor es mirar de cuándo es el calendario que tiene la carpetita. Yo tengo un calendario de cuando Naranjito era mandarina.

Hay quien mete documentos espurios en esa carpeta, por ejemplo la pegatina de «Bebé a bordo». Gente ahorradora que la guarda por si tienen más hijos. La otra opción es dejarla puesta. Lo que pasa es que entonces esa pegatina hace el efecto *Pedro y el lobo*. Esas pegatinas, que se ve que llevan ahí desde el año 97. El niño ha crecido ya y nadie se ha dignado a quitar la pegatina. Eso es jugar con los sentimientos de los conductores. Ese bebé ya tiene quince años, señora: ya puede soportar un alcance trasero. Se habrán dado casos de que, con el tiempo, el bebé acabe tunero y le coja el coche a la madre para hacer el cafre por la carretera, todavía con la pegatina.

—Oiga, pero ahí no va un bebé.

—Sí, soy yo.

Cada vez que ves una pegatina de bebé a bordo amarillenta y raída, y al lado hay una L de prácticas toda nuevecita, eso es que el bebé ya tiene dieciocho años.

La policía debería controlar que esto se cumpla a rajatabla. Te paran y si llevas la pegatina te exigen que el bebé esté en regla.

—Señora, ¿sabe usted que lleva una pegatina de bebé a bordo amarillenta?

—Sí, lo sé.

—¿Dónde está el bebé, por favor?

—No lo sé, pero si es necesario para la conducción seguro que está dentro de esta carpeta.

Yo tengo un amigo que lo que hizo fue coger el papel de plástico de la carpeta de los documentos, aplicarlo sobre la pegatina de «Bebé a bordo» amarillenta y quitarle la tilde. Ahora, cuando le paran en un control de alcoholemia, dice: «Sí, es verdad, voy borracho, pero lo digo bien claro: "Bebe a bordo"».

¿SABÍAS QUE...?

El lugar del coche donde se guardan los documentos se llama guantera. Esto se remonta a finales del siglo XVIII y principios del XIX, cuando comenzaron a aparecer prototipos de automóviles impulsados por una caldera de vapor. Tanto la puesta en marcha como la conducción del coche debían hacerse con guantes que previniesen cualquier quemadura involuntaria, y al lugar donde guardarlos se le llamó guantera. La próxima vez que te quejes por ir en un coche sin aire acondicionado, piensa que peor sería tener una caldera hirviendo en las rodillas.

EN EL
DESPACHO

*****

LOS MARCAPÁGINAS Y LOS PISAPAPELES

La insoportable prescindibilidad del ser

Los pisapapeles son objetos prescindibles por naturaleza. Les pasa lo mismo que a los senadores, que su función la podría desempeñar cualquier otro objeto. Cualquier cosa, con tal de mantenerse dentro del campo gravitatorio terrestre, puede ser un pisapapeles. Un senador, por ejemplo, podría ser un pisapapeles. Es más: he visto algún pisapapeles que, si se lo propusiera, podría llegar a senador.

Cualquier objeto que pese más que un papel podría ser un pisapapeles. El culo de Jennifer López podría ser un buen pisapapeles, pero no compensa. El otro día leí que estaba valorado en más de un millón de dólares. La verdad, dan ganas de juntar a un millón de amigos, poner un dólar cada uno y comprarlo. A ver cómo le sienta a la buena de Jennifer. Y a ver cómo se sienta:

—Oye, Jennifer, ven y siéntate con nosotros a disfrutar de los Neox Fan Awards.

—No puedo, que les he vendido mis posaderas a un millón de españoles. Mejor me quedo de pie.

Luego nos lo vamos turnando. Habrá quien lo use de almohada cervical, paragüero, hoyo de golf, airbag para conductor y pasajero... La verdad es que el culo de Jennifer López tiene más usos que una navaja suiza. Sólo una persona muy tonta lo usaría como pisapapeles.

No hay más que visitar un museo arqueológico para darse cuenta de que los pisapapeles se inventaron mucho antes que el papel. Antes que el universo, diría yo. La víspera del big bang, un rato antes de la explosión, toda la materia del universo se concentraba en una partícula de masa infinita. Ése fue el primer pisapapeles, el pisapapeles de Dios. En toda la materia del universo, desde los senadores hasta el culo de Jennifer López —que cuesta imaginar que un día estuvieron juntitos dentro de esa partícula—, late el eco de aquel pisapapeles primigenio que todos fuimos una vez.

Cualquier objeto que pese más que un papel puede ser un pisapapeles. Pero ¿qué pasa con algo que pese menos que un papel? ¿Puede una mariposa ser un pisapapeles? No, pero puede ser un marcapáginas. El marcapáginas es el álter ego del pisapapeles. Toda la materia del universo se divide en cosas que pueden ser marcapáginas y cosas que pueden ser pisapapeles.

Un pingüino disecado, pisapapeles; una multa de aparcamiento, marcapáginas; un hámster dormido, pisapapeles; un estornudo, marcapáginas; un bebé recién nacido, pisapapeles...; y el cordón umbilical, marcapáginas.

Al marcapáginas le pasa lo mismo que al pisapapeles: lo importante no es el objeto sino el concepto. Antes de inventar los marcapáginas, la gente tenía que leerse los libros del tirón. Si querías leerte uno de Ken Follett, tenías que cogerte una semana en el trabajo, varios termos de café y una sonda para la orina. Imagínate, te levantabas para echar un pis y a la vuelta tenías que volver a empezar el libro: como para mear y no echar gota. No fue fácil deducir el marcapáginas. Los primeros lectores llevaban sus libros de acá para allá con el dedillo dentro todo el rato. Los más acaudalados contrataban a gente marginada y sin posibles para que metieran el dedo en el libro por ellos; de esta manera podían dedicarse a sus cosas mientras mendigos y leprosos señalaban el punto en el que habían dejado su lectura. Algunos mendigos podían guardar la lectura de varios nobles a la vez, tantos como dedos tuvieran en manos y pies, más uno. Un día uno de esos leprosos dejó olvidado su dedo dentro de un libro. Ese día no sólo perdió el dedo: perdió también el trabajo. El aristócrata que lo encontró concluyó que, teniendo ese dedo, podía ahorrarse el resto del leproso. Durante años llevó ese dedo entre sus páginas marcando el punto en el que dejaba su lectura. Había inventado el marcapáginas. Cuando leía, lo dejaba entre las primeras hojas del libro; por eso, en los comienzos de toda publicación, esa parte destinada a decir en qué página arranca cada contenido se llama índice.

Con el tiempo, los marcapáginas se fueron sofisticando, más que nada para venderse en tiendas de museos. Como no te pueden vender los cuadros, los imprimen en cartón y te venden un marcapáginas. Es mucho más salubre vender cartoncitos con un dibujo de Van Gogh que dedos de leproso.

Yo quiero que inventen pronto un marcapáginas a pilas para poner en mi libro electrónico. Sí, porque de tanto doblarle la esquina está empezando a estropearse.

No sólo la materia del universo se divide en marcapáginas y pisapapeles: las personas también. Hay personas pisapapeles, esos pesados que no los vuelas ni con la turbina de un avión, y personas marcapáginas, que aparecen en una página de tu vida y hacen que recuerdes ese momento para siempre. Todos sabemos qué tipo de persona somos. Yo soy pisapapeles.

LAS HERENCIAS

Ahí queda eso...

Ojalá todo el mundo fuera inmortal menos yo. Es para no tener problemas con las herencias. Cuando una familia recibe una herencia, el único que se queda a gusto es el que se ha ido. Los que quedan nunca quedan contentos.

Nos pasamos la vida heredando y siempre es un problema. Lo primero que uno hereda son los defectos de sus familiares: las orejas del abuelo, que el pobre se tuvo que comprar un tresillo orejero porque en un sillón no le cabían; las dioptrías de la abuela; la caspa del tío Braulio... Para heredar las cosas buenas hay que esperar a que se mueran. Yo heredé el daltonismo de mi padre y lo conservo con todo el cariño dentro de mi corazón. Los daltónicos también tenemos nuestro corazoncito. Verde, pero corazoncito.

Luego heredamos de nuestros hermanos: los libros del colegio, la ropa, los horarios de llegar a casa... Normalmente el pequeño hereda del mayor. De pequeños ellas se desarrollan antes que nosotros, así que yo tuve que heredar todo de mi hermana pequeña. Libros con pegatinas de «Mi Pequeño Pony», chándal de Hello Kitty, calcetines rosas a juego con las coletas... Anda que no se rieron de mí en la universidad.

Luego muere alguien y viene la herencia con notario. Esa herencia es un gesto de generosidad in extremis porque uno se vuelve generoso cuando ya no le queda otro remedio. En esos casos nunca se sabe lo que va a pasar. Puede que las familias se rompan, que los hermanos dejen de hablarse... Incluso puede que surja el amor.

—Tú sólo me quieres porque he heredado una fortuna de mis tías.

—Mentira. Te querría igual aunque la hubieras heredado de tus padres.

Es muy divertido cuando para recibirlas hay que cumplir la última voluntad de alguien.

«Dejo a mis nietos mi colección de mapaches y alimañas disecadas, con la condición de que todas las noches los amamanten con sus propios pechos tal y como hice yo.»

Lo de las últimas voluntades no me parece bien. Es como tirarse un pedo en un ascensor justo antes de bajarse y decir a los que quedan: «Ahí os dejo eso, yo me piro». Eso no está bien. Lo peor que puede ser un moribundo es pesado. Piden cosas que ellos creen que le van a hacer ilusión a la gente, pero a lo mejor no es así.

«Cuando muera quiero que rellenen mi cuerpo de caramelos, que me cuelguen de un árbol y que los niños me peguen con un palo hasta desgarrar mis entrañas y cubrirse de dulces.»

Hay últimas voluntades que es mejor no cumplirlas. Algunas veces no sabes qué hacer. Yo pienso mucho en la familia del bueno de Joan Manuel Serrat, porque él dejó claro lo que quiere que hagan con su cuerpo..., pero a ver quién lo hace.

Si un día para mi mal
viene a buscarme la parca,
empujad al mar mi barca
con un levante otoñal,
y dejad que el temporal
desguace sus alas blancas.

Vamos a ver... Para empezar, ponte tú a esperar un día de temporal en el Mediterráneo, que puede que haya cuatro en todo el año. Y cuando llegue el día, echa una barca desguazada al agua, a ver lo que tarda el Seprona en multarte por arrojar basura al mar. Y espera, que todavía no has terminado... Deja las chancletas y ponte las botas de montaña, que sigue la canción y hay que ir a la ladera de un monte más alto que el horizonte para tener buena vista. La última voluntad de Serrat se la van a encargar a Frodo Bolsón.

Gracias a Dios, las cosas están cambiando y ahora se hereda al revés. El otro día me regalaron un móvil nuevo y mi madre ha heredado el mío viejo. Hace unos años, cuando me decidí a comprar una pantalla de plasma, mi padre heredó mi estupendo televisor de tubo. Y este portátil con el que escribo, que ya va lento en internet, es posible que lo hereden ellos también. La moda es heredar a contrapelo, pero ¿hasta dónde? La batería del nuevo móvil de mi madre empieza a fallar; de hecho, el teléfono pasa más tiempo enchufado al cargador que en el bolso de mi madre. Es como si se estuviera transformando en un teléfono fijo. Mi madre se lo ha contado a mi abuela, que nunca quiso móvil porque decía que lo perdía, pero ahora que el móvil de mi madre se ha hecho fijo mi abuela podría heredar ese móvil, pues llamarnos desde su fijo le sale muy caro. Ya está decidido: el móvil de mi madre se lo queda la abuela y a ella le doy el que tengo yo ahora, porque a mí me van a dar otro con los puntos. Le he explicado a mi madre cómo funciona el mío y ella le ha explicado a la abuela cómo funciona el suyo. Esto también es nuevo: el conocimiento pasando de hijos a padres y de padres a abuelos. ¿Qué tal se llevará mi viejo Nokia, que tiene ya las teclas borradas, con esos dedos lisos, casi sin huellas dactilares, que tienen las abuelas? Esto no tiene ningún sentido. Yo creo que los abuelos se están dejando las huellas dactilares lisas para asesinar un día a toda la chavalada y empezar de cero sin tanta tontería. Por eso me gustaría que todo el mundo fuera inmortal menos yo.

¿CÓMO ES POSIBLE?

Un jeque árabe tenía 3 hijos. Al morir les dejó en herencia una manada de 17 camellos. Según el testamento, al hijo mayor le correspondería la mitad de la manada; al segundo, un tercio; y al menor, la novena parte. Cuando se pusieron a repartir los animales, resultó que al primero le tocarían 8,5 camellos; al segundo, algo más de 5,5; y al tercer hijo, algo menos de 2 camellos. Resultaba imposible repartir la manada sin descuartizar a los animales. Acudieron a un sabio de la región y éste les prestó su propio camello para hacer el reparto. Partiendo de 18 camellos, el primer hijo obtuvo 9 animales: su mitad de la manada. El segundo obtuvo 6: la tercera parte. Y el último, 2, que es la novena parte de 18. Con este reparto, sobró uno, que recuperó el sabio y se volvió a su casa, dejando a todos los hermanos tan contentos. ¿Cómo es posible?

SOLUCIÓN

La clave es que el reparto inicial de la herencia está mal. Si sumamos $\frac{1}{2}$, $\frac{1}{3}$ y $\frac{1}{9}$ no obtenemos un entero. La moraleja de esta historia es que es mejor estudiar matemáticas que descuartizar camellos.

LOS FINALES DE LAS CARTAS

Un abrazo obeso

Deberíamos salir a la calle armados con garfios oxidados y manifestarnos por unos finales de carta más dignos.

Atentamente,
Luis.

No podemos permitir una escasez de recursos como la que vivimos cada vez que terminamos una carta.

Y por ese motivo hemos decidido tatuarle un dragón en la espalda a la abuela.
¡Un beso muy fuerte!
Alejandro.

¿Un beso fuerte? Pero ¿cómo de fuerte? ¿Hay dos amantes de platino iridiado besándose en el Museo de Pesos y Medidas de París para ponderar la fuerza de los besos? Si tuviéramos que catalogar los besos por su energía y temperatura, deberíamos medirlos en julios, supongo que por Julio Iglesias.

Un beso fuerte no es serio. No me imagino a san Pablo terminando una carta a los tesalonicenses con un beso muy fuerte. Es poco digno. Antes era más fácil evangelizar, había pueblos como los efesios o los corintios. Ahora sería imposible. «E-mail de san Pablo a los castelldefelenses» no es lo mismo.

> En verdad os digo, hermanos, que a la salida del polígono, allende la rotonda, hay un control de la guardia civil que espera agazapado en la oscuridad.

No es lo mismo. «SMS de san Juan a los tuneros» tampoco lo veo. Los evangelios en las redes sociales no hubieran triunfado. Te metes en el Twitter de Jesús, ves que tiene doce *followers* y dices: «Este tío es un *pringao*». Luego lees el perfil y pone: «Yo soy el que soy». Menudo friki. Es un *pringao* o un psicópata. Muchos panes y muchos peces va a tener que retuitear para ser TT.

Antes las cartas tenían finales grandiosos. Don Quijote escribía a Dulcinea y decía:

> El ferido de punta de ausencia y el llagado de las telas del corazón, dulcísima Dulcinea del Toboso, te envía la salud que él no tiene. Si gustares de acorrerme, tuyo soy; y si no, haz lo que te viniere en gusto, que con acabar mi vida habré satisfecho a tu crueldad y a mi deseo.
>
> Tuyo hasta la muerte,
>
> El Caballero de la Triste Figura.

«Tuyo hasta la muerte» mola mucho. Los bancos deberían terminar así las cartas. De hecho yo, a partir de ahora, voy a terminar todas las mías con «Tuyo hasta la muerte»: es mucho mejor que «Un beso muy grande».

«Un beso muy grande» es una mierda. Además, no tiene sentido. ¿Cómo de grande puede ser un beso? ¿Doce centímetros cúbicos? Es mucho más acertado hablar, por ejemplo, de un beso lento. El tiempo que dura un beso dice más que el espacio que ocupa. Aunque si nos besamos en el espacio y en el tiempo lo suyo sería hablar de velocidad. Sobre velocidad quien más sabe es la Dirección General de Tráfico, que acertadamente desaprobaría un beso bajo los efectos del alcohol. Sin embargo, los besos que recomendaría la DGT no son los más interesantes. Un beso moderado o prudente no es mejor que un beso temerario. Todos nos hemos saltado alguna vez la distancia de seguridad y hemos estrellado un beso con daños a terceros. Besos lentos sin parada, con acelerones, con frenazo en seco y vueltas de campana...: todos son buenos. Sólo rescato un consejo de la DGT: en los besos también conviene descansar cada dos horas para beber algo y estirar las piernas.

Las felicitaciones navideñas de grandes multinacionales también fallan al final. No mandan besos grandes, pero mandan abrazos sinceros:

> Un abrazo sincero y que la luz de Iberdrola ilumine su hogar.

Un poco frío para ser los de la calefacción. En vez de abrazos sinceros, yo prefiero que manden una factura sin ceros.

Sólo hay una carta más fría: la de los restaurantes. Ésa siempre termina con una mala noticia: IVA no incluido. Es normal, en los restaurantes más exclusivos nunca hay nada incluido: bebida no incluida, propina no incluida, pilas no incluidas... Bueno, lo de las pilas no lo pone en los restaurantes, pero es igual de decepcionante cuando te lo encuentras. ¿Qué les costaba incluir las pilas? Según qué pilas no son fáciles de encontrar. El otro día vi un cartel en una parroquia: «Bautizos 300 €, pilas no incluidas».

Parece que ya no hay cartas sinceras o cariñosas, ¿verdad? Pues sí las hay. El otro día recibí un correo con una foto de una rusa guapísima que quería conocerme. Me hizo mucha ilusión, la verdad, y creo que la relación puede ir para delante. Decía:

> Me llamo Olesya. Vivo en la ciudad Kazan, en Rusia. Busco al hombre para las relaciones serias. Puedo dar al hombre todo esto con que él desea, dar el amor y la ternura, que es así mucho en mi corazón. Espero que nuestro conocimiento traerá a nosotros mucho instantes agradables, y podemos encontrarnos una vez lo más pronto.
>
> Olesya.

¿No es encantadora? Va a venir a verme. Lo sé porque le mandé ochocientos euros para el billete. Luego tuvo un problema en Moscú y le volví a mandar mil doscientos euros más para el hotel y ahora me ha vuelto a pedir dinero porque quiere comprarme un regalo. Esta historia sólo puede tener un final feliz. Tengo que comprarle algo bonito. Si no, cuando venga voy a quedar como un tonto.

Los finales son una estupenda ocasión para demostrar que uno tiene principios.

¿SABÍAS QUE...?

Yo también he recibido una carta firmada por el presidente de El Corte Inglés que me felicita el cumpleaños. Como los usuarios de la tarjeta de El Corte Inglés somos 11.800.000, y el año tiene 365 días, este señor firma 32.328 cartas al día. Como en una jornada laboral de ocho horas hay 480 minutos, deducimos que firma 67 cartas por minuto. Eso es más de una carta por segundo. No sé cuál será el sueldo del jefe, pero todo lo que le paguen me parece poco.

LOS LIBROS DE BOLSILLO

«No me libro del bolsillo»,
dijo el libro de bolsillo

El libro de bolsillo es un concepto que está al mismo nivel que la bicicleta supositorio. Da igual el nombre que le pongas: hay cosas que no caben en según qué sitios. Un libro de bolsillo es, antes que nada, un libro que no cabe en un bolsillo. No es que no quepa realmente, es que no quiere caber porque allí se está muy incómodo. Ningún objeto quiere viajar en bolsillo. Ni el dinero, que desaparece de allí sin que nos demos cuenta; ni las llaves, que en cuanto pueden cavan un túnel de huida hacia la pernera del pantalón; ni los auriculares, que anudan sus cables en señal de protesta. Reconozcámoslo: los bolsillos no sirven para guardar las cosas, sirven para perderlas. Por eso los piratas enterraban los tesoros, porque si se los guardaban en los bolsillos los perdían. Enterrándolos y haciendo un mapa era más fácil recuperarlos. El problema es que el mapa se lo guardaban en el bolsillo y también lo perdían. Sólo hay una cosa que se puede tener en el bolsillo sin riesgo de perderla: un agujero. El mejor sitio para tener un agujero es el bolsillo. Hay gente que los tiene en los calcetines porque allí están más seguros. A mí no me gusta: me da la sensación de que puedes perder los dedos de los pies.

A nadie le gusta ir en un bolsillo. Prueba de ello es que las crías de canguro se independizan con un año de edad. Aquí, por ahora, nos independizamos con treinta y cinco. Imagínate el drama de una cangura con un cangurazo de treinta y cinco ahí dentro. Pues igual que aquí: eso no hay bolsillo que lo resista. Volviendo a los libros, a nadie le gusta ir metido en un bolsillo, y mucho menos si el pantalón es apretado. Hay gente que lleva pantalones tan ceñidos que, cuando llega a casa, se los tiene que quitar con la rasqueta de la vitrocerámica. A veces es tan difícil que desisten y no se los quitan. Se los dejan puestos y, cuando el pantalón empieza a formar parte de su propia epidermis, se ponen otros encima y ya está. Yo nunca he llegado a ese extremo, pero sí que alguna vez he llevado un vaquero apretado. Es muy difícil meter algo en los bolsillos de esos vaqueros. De hecho, sólo hay una cosa más difícil que meter algo en los bolsillos de un vaquero apretado: sacarlo después. Está muy bien, porque así no te roban. El día que me puse aquellos vaqueros, un señor me intentó robar en el metro y el tío luego no podía sacar la mano. Me lo tuve que llevar a casa con su mano en mi bolsillo. Luego allí me quité los pantalones y ya me pudo robar a gusto.

¿Cómo vas a meter ahí un libro? Es como meter una gallina en un vaso de tubo. Puede que se rompa el vaso o puede que se rompa la gallina; o puede que no se rompa nada, pero el animal no va a estar cómodo. Sin embargo, los amantes de la lectura, los de verdad, no esos que sólo la quieren para llevársela una noche a la cama y luego ni se toman un café con ella ni nada..., para esos amantes de verdad se inventó el libro de bolsillo. Para que uno pueda leerse *La montaña mágica* de Thomas Mann de bolsillo —dos volúmenes como dos bombonas de butano— en el metro, en un telesilla o montando en bicicleta.

Si queremos seguir haciendo libros de bolsillo hay que revisar el concepto de bolsillo. Yo me imagino un bolsillo grande en la espalda.

¿SABÍAS QUE...?

Este libro tiene 173.880 letras. Con ese ingente número de letras se podría escribir 21.735 veces la palabra *bolsillo*. ¿Coincidencia? No lo creo.

LAS FIRMAS

Preguntas o firmas

Las firmas son uno de los grandes inventos de la humanidad. Sirven para casi cualquier fin, desde salvar a las ballenas hasta recibir paquetes por correo. A todo el mundo le gusta firmar. Es algo a medio camino entre escribir tu nombre y probar si pinta el boli. Es muy fácil. Consiste en escribir tu nombre intentando que no se entienda, y sirve para ponerlo al final de un contrato. Es así: ponemos un nombre que no se entiende debajo de un texto que tampoco se entiende... y así nos entendemos.

Antiguamente, los contratos se firmaban en la última hoja y nada más. Ahora cualquier contrato laboral se firma como mínimo en seis mil sitios. Hay contratos temporales que para cuando terminas de firmarlos ya los tienes que renovar.

El problema es que tú te pones a hacer firmas y no te quedan todas igual de bien. Las primeras sí, pero, según avanzas, eso va perdiendo rigor. La mano se cansa, las firmas cada vez se parecen menos, te entra el agobio y, cuando intentas volver a hacerlas bien, ya es tarde. Echas un vistazo y has hecho seis mil firmas todas distintas. En La Rioja, con seis mil firmas distintas puedes promover una ley en el Parlamento autonómico. Yo propondría que no hubiera que firmar tanto.

Nadie lee lo que firma. Es como lo de internet de «He leído y acepto las condiciones». La gente le da a aceptar sin haber leído nada. Aceptar, aceptar, aceptar... Google podría incluir una cláusula que fuera: «El día 22 de diciembre del año 2020, un señor irá a su casa con un bisturí oxidado y le extirpará todos los órganos sanos sin más anestesia que una botella de colonia para hombre Brummel. Esos órganos serán servidos con patatita paja y ensalada en la cena de Navidad de la compañía». Si Google incluyera esa cláusula, no nos daríamos cuenta hasta el día 22 de diciembre del año 2020.

La firma es más importante que lo que diga el papel. Un talón sin firmar no vale nada y un cuadro sin firmar tampoco. Un óleo en el que se represente una cruenta batalla naval con veinte mil navíos, pintaditos uno por uno, con sus cañones humeantes, sus anclotes auxiliares, sus cintones protectores, sus cornamusas, sus esquifes y sus mordazas no vale nada si no tiene firma debajo. No sé, yo creo que la firma es lo más fácil de hacer de todo ese cuadro. Alguien capaz de pintar los barquichuelos me extraña que no sea capaz de falsificar la firma. De todos modos, para que eso no suceda están los certificados de autenticidad, que son una hoja sacada de la impresora con una firma. No hay nada más fácil de falsificar que un certificado de autenticidad. Es mucho más fácil de falsificar que la firma del pintor y, por supuesto, mucho más fácil de hacer que el cuadro.

Una firma es como el logotipo de una persona, y todos hemos visto en el mercadillo firmas falsas como Dolce Banana, Beshugo Boss o Cococha Nel. Eso deberían hacerlo también los falsificadores de obras de arte. Tendríamos al famoso cantautor puntillista Joan Manuel Seurat, al pintor surrealista funky Joan Miró Quai, o a Paco Panceta: la versión patria de Francis Bacon. Habría cuadros firmados sólo para la risa: «Van Gogh y se cae el del medio» o «Saca el Botticelli para el personal, que vamos a hacer un guateque...». Incluso cuadros firmados entre varios pintores: «Con los dedos de las manos, con los dedos de los pies, con Sorolla y Jasper Johns todos suman veintitrés».

Hay un momento en la vida en el que uno dice: «¡Qué demonios! ¡Yo también quiero una firma!». Ves que tu padre, en vez de pagar en los restaurantes, firma un papel. Ves que los futbolistas firman autógrafos y que hasta la gente encargada de revisar periódicamente los extintores tiene una firma. Ese día te pones a practicar. Todos, en algún momento de nuestra infancia, hemos cogido un papel y nos hemos puesto a practicar firmas. Llenas libretas enteras con miles de firmas, todas distintas. Con todas las firmas de los niños de un colegio de primaria tendrías suficientes como para salvar tantas hectáreas de bosque amazónico como las que hubo que talar para hacer las libretas.

Durante la infancia hacemos firmas con ornamento. Si eres niña, pones un corazón encima de la *i*, una flor, una mariposa... Si eres niño, pones una bandera, o una carita; y si te gusta el fútbol, un balón... Se han dado casos de países con jóvenes dictadores que firman sentencias de muerte con una carita sonriente.

Para un niño es muy difícil firmar como un adulto. Una vez suspendí plástica y trabajos manuales y el ejercicio de recuperación fue falsificar las notas y la firma de mis padres.

Cuando eres niño, la firma sirve para firmar brazos y piernas escayoladas de tus amigos. Ese brazo tumefacto es el único documento que leemos antes de firmar para ver qué dedicatorias han puesto los otros y no repetir.

La verdad es que como método de autentificación no puede funcionar. Si cogemos todas las firmas que hace una persona a lo largo de su vida, no hay dos que sean iguales. Es como si para identificar a las personas miráramos cuánto tiempo aguantan haciendo el pino. Sale distinto cada vez. Da igual lo que hagas, prueba de ello son las pantallitas para firmar cuando pagas con tarjeta de crédito. Esa firma no tiene nada que ver con la tuya. Queda como si la hubieras hecho con el Telesketch. Podría ir un mono con un boli metido en el ano y firmar por ti. Da igual. Tú firmas ahí con ese lápiz que no es un lápiz, es un palo de plástico afilado, y te vuelve a salir la firma que hacías cuando tenías ocho años. Es imposible hacer una firma decente, pero les da igual. Haces un huevo y una raya y les da lo mismo. Yo intento firmar con el dedo pulgar, que es la firma digital de toda la vida, y nunca ha dado problemas.

Hay personas que son especialistas en interpretar las firmas. Dicen cosas como que si firmas tachando significa que tienes baja autoestima, si firmas de modo envolvente es que tienes necesidad de protegerte de tu entorno... Me gustaría verlas interpretando las firmas de la pantallita digital. «Si firma usted con huevo tachado es posible que sea usted una gallina con la autoestima baja. Aquí se lo dejo por escrito en este certificado que lo prueba. Firmado: El grafólogo.»

¿SABÍAS QUE...?

Shakespeare tuvo hasta seis firmas completamente distintas. Si en La Rioja hubiera mil escritores como Shakespeare, ellos solitos, sin apoyo de nadie más, podrían promover una ley en el Parlamento autonómico y cambiar así la historia de la humanidad.

EN LA CASA

*****

LAS CAJAS DE HERRAMIENTAS

Todo encaja

Dios fue el primer aficionado al bricolaje, lo pone en la Biblia. Un día dijo: «Hágase la luz», y la luz se hizo. Empezó poniendo enchufes y luego le pasó como a todo aficionado al bricolaje: se creció. Hizo la luz, luego hizo el agua, la calefacción..., y al final hizo al hombre a su imagen y semejanza, es decir, con una caja de herramientas en la mano.

La religión siempre ha sido muy partidaria del bricolaje. Desde la carpintería de san José hasta el Opus Dei, que directamente se llama la Obra. Yo creía que iban a misa con casco (todos hemos ido alguna vez a misa con cascos).

Cristianismo y cajas de herramientas siempre han estado muy unidos.

—Señor arzobispo, lleva usted un serrucho, unos alicates, bridas y un taladro bajo la casulla. ¿Reformas en la sacristía?

—No, hijo. Reunión del Consejo de la Santa Inquisición.

La caja de herramientas confiere a un hombre un poder especial, casi divino. De niño te regalan unas herramientas de juguete y te sientes Dios. Vas por la casa con tu llave inglesa de plástico arreglándolo todo. De hecho, tu madre te da cosas absurdas para que las arregles: una barra de pan, un pijama, un melón... Al principio una madre sabe de tecnología más que un hijo, pero eso cambia. Acércate a tu madre y dile:

—Mamá, cierra la ventana, que se escapa el wifi.

La cierra con la misma ilusión que un niño que arregla un melón con una llave inglesa. Luego dile que era broma y dale besos.

De pequeño no te dejaban tocar las herramientas de verdad. Estaban en una caja de herramientas que tu familia había ido equipando con el paso del tiempo. Un destornillador de aquí, otro de allá, un rollo de cinta aislante pegajoso al que se le va pegando serrín, una llave inglesa que se dejó un fontanero que vino un día, clavos, unas arandelas...

Mis padres guardaban todas las arandelas que podían. No sé para qué, la verdad. No me imagino ninguna situación en la vida en la que mi madre pueda decir:

—¡Santo Dios! Estamos perdidos. ¿Qué vamos a hacer ahora?

Y mi padre:

—No te preocupes, Cristina. Creo que todavía nos quedan arandelas.

La caja de herramientas se iba haciendo poco a poco. Un día la familia compraba un martillo y ése era el martillo de la familia... A veces venían los vecinos y nos lo pedían. Ahora todo el mundo tiene uno, pero en mi infancia había un martillo por barrio. Y antiguamente, uno por ciudad. Cuanto más retrocedas en el tiempo, peor. Es posible que los clavos de Cristo los pusieran con un martillo de la carpintería de san José.

La caja de herramientas era una tentación. Un día tus padres no estaban en casa, te subías a una banqueta y la cogías furtivamente. Había que actuar rápido porque tus padres podían aparecer en cualquier momento. Ese día descubres que una caja de herramientas es algo muy fácil de abrir pero muy difícil de cerrar. Tú aprietas, empujas, te sientas encima de la caja y eso no hay dios que lo cierre. Sólo hay una opción: que la cierre tu madre. Puede que los padres sepan usar las herramientas, pero las madres son las únicas que luego saben cerrar la caja. Una vez mi madre estaba de viaje y mi padre tuvo que cerrarla con cinta aislante.

Con el paso del tiempo, te independizas y te haces con tu propia caja de herramientas. Ahora ya no se van haciendo poco a poco: ahora vas a los chinos y te compras una caja de herramientas completa por diez euros. Un maletín con seis destornilladores, dos alicates, tres llaves inglesas, un serrucho, un martillo..., y todo de mentira. Es como la llave inglesa que te daba tu madre para arreglar el melón. Parece hierro, pero es una aleación de hierro y tocino. Es como intentar cortar con una sierra de jamón york. Se dobla todo. Empiezas con un destornillador para apretar un tornillo y acabas con un sacacorchos.

Un hombre con una caja de herramientas vuelve a tener ocho años. Decimos cosas como: «¿Qué te apuestas a que paro el taladro con la mano?» o «¿Tú crees que con esta lijadora eléctrica me puedo borrar un pezón?» o «Voy a darme con el martillo en la rodilla, a ver si tengo reflejos». Si los chinos no hubieran inventado esa aleación de metal y chicle, nos mutilaríamos con nuestras propias herramientas.

Un hombre que arregla algo con la herramienta adecuada se siente un superhéroe, pero un hombre que arregla algo usando como herramienta algo que no lo es se siente un semidiós. Pescar algo del patio con una percha y un cordel, clavar con un vaso, abrir una botella con una llave, aflojar un tornillo con un cascanueces, cascar una nuez con un destornillador... En la vida de todo hombre ha habido un momento en que ha pensado que la solución a un problema pasaba por pegar un imán a un palo. Y es que las verdaderas herramientas, las que se usan de verdad, están desperdigadas por casa, de incógnito, esperando a ser utilizadas por ese MacGyver que todos llevamos dentro.

Los manitas de verdad, los profesionales del bricolaje, tienen las herramientas colgadas en la pared y dibujan el contorno con un rotulador. Eso es de psicópata. Es como si hubieran asesinado a la pobre herramienta y alguien hubiera pintado la silueta del cadáver.

Así de ordenado lo tiene el tipo de «Bricomanía». Por cierto, un briconsejo: ¡no os fiéis de él! Ese hombre que trata de hacer una mesita de noche con la madera de tres cajas de fruta tiene detrás treinta mil euros en herramientas y un equipo de gente que construye decorados. Tu caja de herramientas costó diez. Haz cálculos y proyecta el resultado de tu obra antes de que sea demasiado tarde. ¡Cómprate una mesita como Dios manda!

Otro tipo de herramientas son las que uno puede llevar en el coche. Algunos coches vienen con una pequeña caja de herramientas. El Opel Kadett, por ejemplo, venía sólo con un destornillador. Ese destornillador valía para todo: para mantener cerrada una ventanilla, para sacar un casete que se quedaba atrapado en la radio, para hacer de antena de radio, ¡y hasta para abrir las puertas! La gente no lo quiere reconocer, pero el Opel Kadett fue el primer coche con abrefácil. Era un coche ideal para irte de puente: le hacías un puente y te ibas. A mi padre se lo robaron seis veces, pero luego siempre aparecía. Los ladrones lo cuidaban por si lo volvían a necesitar.

LAS HUCHAS

Echar monedas en una máquina tragaperras es como echar dinero en la hucha de otro

Ahorrar para comprar una hucha es como vender el pene para comprar preservativos. No tiene mucho sentido. Si uno quiere ahorrar..., ¿no puede al menos ahorrarse ese gasto? A simple vista, cualquier objeto hueco podría ser una hucha, desde una hormigonera de volteo hasta un hámster en ayunas. Un calcetín, por ejemplo. Un calcetín, como todos sabemos, es algo exactamente igual que una hucha pero completamente distinto. Además tiene un problema y es que la fortuna de cada uno depende del tamaño de su pie. Los pigmeos, que tienen los pies como pimientos de Padrón, nunca podrán amasar grandes fortunas, mientras que Pau Gasol, cuyos pies tienen varios husos horarios, podría guardar en su calcetín una ranchera, dos bicis de montaña y una moto de agua.

La parte más importante de una hucha es la ranura. En la antigüedad, antes de que se inventaran las ranuras, era muy difícil meter el dinero dentro de las cosas. Los primitivos ahorradores cogían un queso de Gruyère y clavaban ahí las monedas, hacían rollitos con los billetes... De ahí viene la expresión «Si me toca la lotería, voy a tapar unos agujeros». Las huchas son como los pistachos: si no tienen ranura, no sirven para nada.

Si uno quiere ver una hucha como Dios manda, lo mejor es ir a una iglesia. Últimamente, en la casa del Señor hay más huchas que feligreses. Allí todo tiene ranura: la peana de los santos, el cepillo o las paredes de los vestuarios de los monaguillos. Las velitas, por ejemplo. Les echas una moneda y se encienden. Eso tiene algo de máquina tragaperras. Sería fantástico que cuando alguien diera un donativo el párroco se fuera al órgano a tocar *La cucaracha*. Pero no lo hacen, ¿por qué? Los casinos del Señor son inescrutables.

Si bien toda hucha tiene ranura, no todo lo que tiene ranura tiene por qué ser una hucha. Si tiene forma de batracio, es de metal y la gente le lanza las monedas desde lejos, no es una hucha: es el juego de la rana. Ojo, no es hucha todo lo que parece. En la versión china de la *Odisea*, Ulises confunde al cíclope con una hucha y lo mata metiéndole varias monedas por el ojo. Eso lo sabe cualquiera que haya leído la *Odisea* en chino.

De niño, los abuelos te regalan una hucha con forma de cerdito. Ese día hace mucha ilusión meter monedas. Haces lo que sea para conseguirlas: das besitos a tus abuelitos, que es una forma de prostitucioncita socialmente admitidita, buscas entre los cojines del sillón, coses zapatillas para Nike...: todo para conseguir monedas. Y las consigues, sí, pero ninguna es de más de cinco céntimos.

Da igual; tú vas metiendo. Pierdes la cuenta. Agitas la hucha y eso suena como el bombo de la lotería de Navidad. No hay más de cincuenta céntimos, pero te da la sensación de que tu hucha debería salir en la portada de la revista *Forbes*.

La hucha es un concepto radical. Si necesitas dinero, hay que romper ese cerdito tan lindo. Aquí quiero hacer un inciso: no considero hucha esas cosas con ranura que tienen un taponcito debajo para sacar la pasta al primer apretón. Si el dinero es más fácil de sacar que de meter, eso no es una hucha, es un ayuntamiento.

Sacar dinero de una hucha tiene que ser difícil. Todos lo hemos hecho. Le das la vuelta, metes un cuchillo por la ranura y vas probando. Te sientes raro, es como atracarte a ti mismo. El pobre cerdito no sabe qué hacer. Un cerdo, siempre que ve un cuchillo, se acojona. El pobre se asusta, aprieta la ranura y por ahí no hay quien saque nada. Entonces tú vas probando con cosas. Metes un palillo, pero tampoco es fácil. Siempre estás a punto, pero no. Puedes pasarte una eternidad hurgando ahí; y por eso, cuando una moneda está mitad afuera mitad adentro, decimos que está en el hurgatorio.

Vas probando con palillos, con clips, con papelitos doblados..., pero todo se te va quedando dentro de la hucha, y el cerdito pata negra pasa a ser de recebo.

Con el tiempo, la hucha es un hospicio para monedas. Metemos dinero proscrito y en riesgo de exclusión social: lo que sobra de comprar el pan, una moneda oxidada encontrada en la playa, diez centimillos que estaban en el bolsillo de la bata, una moneda que pusiste en la vía del tren, otra doblada... Es dinero que da vergüenza enseñar en una tienda. Ni siquiera lo llevas al banco por si te dicen: «Lo siento, señor, por este euro sólo le puedo dar veinte céntimos, y me estoy pillando los dedos». Por eso casi todas las huchas son opacas, para que no podamos ver el estercolero que hay dentro.

Por el contrario, las huchas de las ONG son transparentes. Esas huchas que hay al lado de la caja del McDonald's muestran su relleno sin pudor. ¿Para qué? Pues para que la gente sepa lo que hay que hacer. Si no, tú dejas una caja de metacrilato vacía y lo más probable es que venga alguien y ejerza su derecho al voto. Las primeras monedas las pone la propia ONG para marcar una inercia, para que la gente sepa que lo que hay que echar es dinero. Si no fuera por esas monedillas, la gente echaría lonchas de mortadela para el fi-hambre en el Tercer Mundo, o sobres de Frenadol para Médicos Sin Fronteras.

Los españoles somos mucho de ayudar, pero sin soltar un euro. Tú te paseas por un aeropuerto extranjero y está lleno de huchas transparentes ¡con billetes dentro! ¡Hasta de cien euros! Eso en España es inconcebible. Aquí, tú metes un billete de cien euros en una hucha transparente y le tienes que poner una cámara de seguridad para él solo. La gente se acercaría creyendo que es una exposición. En España jamás se ven billetes en esas huchas solidarias. Nos están empezando a coger manía en el Tercer Mundo. No porque donemos poco, sino porque lo donamos en monedas de uno, dos, cinco y diez céntimos.

Imagina lo engorroso que es ir a África y pagar un hospital entero, un pozo o una escuela con monedas de uno, dos, cinco y diez céntimos.

Y por fin, a cada hucha le llega su San Martín. Llega un día en el que hay que romper el cerdito y reencontrarse con las monedas oxidadas, las dobladas, los clips, los papelitos, los palillos, los botones... Abrir una hucha siempre decepciona. Ves todo aquello y no es que el dinero se haya devaluado: es que se ha podrido. Como dijo Gustavo Adolfo Hitler en su libro *Mi hucha*, «La gente que tiene hucha no debería tener dinero».

¿SABÍAS QUE...?

Las huchas con forma de cerdito podrían tener su origen en un juego de palabras anglosajón. En inglés, «cerdo» se escribe *pig*, y el tipo de arcilla con el que se fabricaban las vasijas en las que las familias guardaban su dinero se llamaba *pygg*, que suena muy parecido. Además, el cerdo ha sido siempre sinónimo de prosperidad y abundancia. «Se está poniendo como un cerdo» siempre ha significado «Qué bien le van las cosas a este tipo». La matanza del cerdo proveía de alimentos a una familia para todo el año. De ahí que las primeras huchas tuvieran forma de cerdito, símbolo de ahorro y de reserva para el futuro.

LOS TRAPOS

Todo trapo atrapa todo

Los trapos sirven para todo: para limpiar el polvo, secar los platos, ponerte relleno en el calzoncillo, amordazar rehenes... ¡Todo! Eso sí, no se recomienda mezclar usos. Ni secar los platos con el trapo de limpiar el polvo, ni amordazar rehenes con el relleno de los calzoncillos.

Los trapos nos acompañan desde el minuto uno de nuestra vida. Cuando uno nace, lo envuelven en un trapo y se lo dan a su madre, como diciendo: «Señora, cójalo con cuidado que quema». Ése es otro de los grandes usos de los trapos: coger cosas calientes. Yo he visto a mi madre sacar bandejas del horno que estaban a la misma temperatura que la superficie del sol. Es como un milagro, no te lo crees. Luego ves a ese camarero que agarra el plato con un trapo, te lo pone delante y dice: «Cuidado con el plato, que quema». Ahí te sale el santo Tomás que llevas dentro. Necesitas tocar para confirmar, quieres meter tu dedo en la llaga y acabas haciéndote una llaga en el dedo.

Los trapos sirven para cosas del día a día, como por

ejemplo llevar los brazos en cabestrillo, torear vaquillas o hacer la mecha de un cóctel molotov... Por eso es imprescindible tener trapos en casa, pero ¿cuándo se compran los trapos? En mi casa hay trapos, pero yo no recuerdo haber ido a comprarlos. Creo que estaban allí cuando me mudé. «Se vende piso exterior, muy luminoso, con estupendos trapos de flores, bien comunicado.»

¿Cuántos trapos ha de tener una familia bien? Que no pase necesidades, pero que tampoco sea un derroche de trapos. Yo he preguntado a una señora del barrio de Salamanca cuántos trapos tenía y me dijo que una dama nunca responde a esa pregunta. No sabemos cuántos trapos hay que tener en casa, aunque intuimos que hay que tener uno, como mínimo, para abrir frascos.

Cuando un hombre no es capaz de abrir un bote, siempre dice: «Espera, dadme un trapo». Sí, porque, como todos sabemos, los trapos confieren al hombre una fuerza sobrehumana. ¿Para qué te crees que es la capa de Supermán? Eso no es una capa, es un trapo por si le piden coger algo caliente o abrir un bote de pepinillos.

Otra misión de los trapos es la de limpiar cosas sucias. Si las cosas ya están limpias, es mejor no limpiarlas con un trapo, porque seguramente las manches más. El trapo tiene eso: limpia lo muy sucio pero mancha lo muy limpio.

El más castigado de todos es el trapito de limpiar la plata. Mi madre usaba unos calzoncillos míos para eso y siempre me pareció raro que pudiéramos permitirnos candelabros de plata pero no tuviéramos dinero para trapos. Yo veía ese trapito, esos calzoncillos desvencijados sin niño dentro, y me daba una pena... Mis pobres calzoncillos ya maltrechos, sometidos a trabajos horribles, negros, impregnados en unos líquidos que olían como el infierno, limpiando unos candelabros que nunca se usaban, que estaban en una vitrina. Nunca entendí qué ventajas proporcionaban los candelabros de plata a mi familia. No sé por qué, pero, cuanta más plata tiene una familia, también tiene más trapos sucios.

Quizá sólo haya uno peor que el trapito de la plata: el trapo de gasolinera. Ése da miedo verlo. Ese trapo despeluchado, grisáceo..., que a veces es difícil diferenciarlo de un animal muerto. Ese trapo es del color de la tristeza, pero siempre mantiene un trocito blanco. ¡Quién le iba a decir a ese trapo, cuando lo estaban tejiendo en la fábrica, que iba a acabar así! Yo pienso mucho en cómo salen los trapos de la fábrica. Recién hechos, limpios y llenos de ilusiones...

—Yo quiero ser trapo de secar los platos.

—Y yo quiero ser trapo del polvo.

—Bueno, eso lo quieren todos.

—Pues mi sueño es poder hacer un torniquete.

Salen formados, limpios y llenos de ilusiones, pero el futuro es incierto. Nunca saben cómo pueden acabar.

Algunos terminan en la caja de las cosas de limpiar zapatos, entre betunes y cepillos. Esos trapos empiezan blancos y terminan pringados de todos los colores. No se pueden meter en la lavadora porque desteñirían todas las demás prendas de la colada. Cuando se untan en pringue, emprenden un viaje de no retorno. Pero dicen que algunos de esos trapos de limpiar zapatos, si se extienden, tienen la cara de Manolo Blahnik como si fueran la Sábana Santa. Por cierto, que la Sábana Santa se creó cuando los romanos atraparon a Jesucristo, y de ahí viene *atrapar*, que significa poner a alguien en un trapo.

Un trapo rojo puede llegar a lo más alto y servir para dormir a una jirafa con cloroformo; luego se mete a la jirafa en el maletero del coche y se le ata el trapo a un cuerno para evitar accidentes.

Todos tienen la oportunidad de hacer algo importante. Hasta el más grisáceo trapo de gasolinera conservará un trocito blanco para que, cuando el mundo esté en guerra y nos hayamos destruido los unos a los otros, alguien pueda sacarlo en son de paz.

¿SABÍAS QUE...?

Si pones un trapo delante de un espejo,
es opart.

LAS ASPIRADORAS

Pequeños electrodomésticos llenos de aspiraciones

Es muy posible que un cataclismo haga implosionar el mundo y que luego, cuando volvamos a empezar de cero, decidamos prescindir de las aspiradoras. Lo veo venir. Por eso quiero dedicar las siguientes páginas a recordar a esos magníficos electrodomésticos. Usted, señor del futuro que lee estas páginas y que nunca ha visto una aspiradora, sepa, antes de nada, que todo lo que ha oído sobre ellas es falso. Estimado señor del futuro, ahora mismo corre el año 2014 y todo el mundo se lleva bien con las aspiradoras excepto los perros, los gatos y las personas con resaca. No sé cómo serán las resacas del futuro pero, en este siglo de licores de melocotón y limoncellos, hay mañanas en las que te aprieta tanto el cerebro que parece que llevas un cráneo dos tallas menos. Si una de esas mañanas alguien enciende la aspiradora, tú deseas la muerte. La tuya o la del aparato. Resaca o aspiradora: no hay sitio para los dos en una mañana de domingo.

«¿Qué es una aspiradora?», se preguntará usted en su

hermética nave espacial del futuro en la que no entra el polvo cósmico. Al principio de los tiempos, el hombre inventó la moqueta y vio que era mala: no servía más que para almacenar polvo, migas y basura. Pero cuando se dio cuenta, ya había tejido 37 rollos de moqueta, de manera que, en una loca huida hacia delante, inventó la aspiradora, que viene a ser un oso hormiguero eléctrico. Y así, un mal invento como era la moqueta se solucionó con un invento aún peor.

No obstante, la aspiradora es el electrodoméstico que más puede fascinar a un hombre. Hace ruido, tiene ruedas y puedes jugar con él a aspirarte partes del cuerpo. ¡Qué más puede pedir un hombre! Yo antes tenía el ombligo para adentro y ahora lo tengo para afuera. Todos nos hemos aspirado partes de nuestro cuerpo con la aspiradora alguna vez: una mejilla, una mano, la barriga... ¡Conozco gente que se ha llegado a ordeñar un pezón! Es una pena, porque la aspiradora podría haber sido un gran complemento de higiene personal del hombre. Es perfecta para quitarse las pelotillas de los dedos de los pies o los restos de patatas fritas de la barba, y para aspirarse el pelo después de tirar arroz en una boda... Sin embargo, aunque es un aparato muy masculino, no es buena idea dejar que sea un hombre quien lo compre. Si dejas que un hombre elija la aspiradora, siempre comprará una industrial. Si es capaz de aspirar un helicóptero en vuelo, mejor.

—¿Qué tipo de aspiradora desea?

—¿Tienen alguna que pueda variar la órbita de los planetas? Pues ésa es la que quiero.

Las más potentes son unas que parecen R2D2, que te aspiran hasta el alma. Los espíritus se mueren de miedo cuando un hombre enciende una aspiradora, y hacen una cosa muy graciosa para evitarlo: la llamada fantasma. Un hombre no puede disfrutar plenamente de una aspiradora porque cada vez que la enciende tiene la sensación de que está sonando un teléfono. A mí me ha pasado. Enciendes la aspiradora, suena ffffffff... y de fondo riiing, riiiing... La apagas y no suena nada. Miras el teléfono y no hay llamadas perdidas, ni mensajes, ni nada. Los más prestigiosos parapsicólogos se están atusando las barbas para saber qué extraña criatura es la que llama por teléfono. Todo indica que son espíritus vaporosos que hacen llamadas fantasma para evitar ser aspirados.

Otra aspiradora muy masculina es el robotito, la Roomba. Son unas pequeñas aspiradoras robot que sueltas por casa y van aspirando cuando tú no estás. Es la primera aspiradora que se lleva bien con perros, gatos y seres humanos con resaca, pero es siniestro imaginar que, mientras tú no estás, hay una aspiradora robot deambulando por la casa, abriendo los cajones y probándose tu ropa interior. Es fantástico para echarle la culpa de cosas.

—¿Quién ha roto esta maceta?

—Ha sido el robotito, que todavía no conoce bien la casa.

—¿Quién ha cogido veinte euros de este platito?

—Ha sido el robotito, que ya empieza a conocer la casa.

—¿Quién ha usado el cuchillo de la mantequilla para untar la mermelada?

—Ha sido el robotito, que el otro día lo pillé yo, que se comió un yogur, chupó la cucharilla para limpiarla y la volvió a dejar en el cajón.

El ser humano siempre gusta de culpar a otro de sus errores, sobre todo si ese otro no se puede defender. Por eso creo que en el futuro no habrá aspiradoras.

El gran lastre de las aspiradoras, la cadena que las ha impedido volar, siempre ha sido el cable que las ata a la pared. De este cable sólo se libra el robotito, que se pasea dando envidia al resto de aspiradoras. Y quizá sea mejor así. Sí, porque las aspiradoras son capicúa: aspiran aire por delante y aspiran cable por detrás. Si pudieran aspirar sin estar enchufadas, se daría la paradoja de la aspiradora que se muerde la cola: mientras aspira por delante, le metes el cable en la boca, le das a recoger el cable, la aspiradora se retroaspira a sí misma, implosiona y da origen a un cataclismo que destruye el mundo. Y aunque fuiste tú el que jugó a ser Dios metiéndole el cable en la boca, seguro que culpas a la aspiradora. Y por culpa de gente como usted y como yo, señor del futuro, después del cataclismo mundial, después de la gran implosión final, habrá un resurgir de la humanidad, dejaremos fuera a las aspiradoras y las culparemos de nuestra desgracia, cuando en realidad nuestra desgracia es nuestra y siempre nos acompañará.

¿SABÍAS QUE...?

El final de este monólogo no tiene sentido, ya que nunca una aspiradora podrá implosionar aspirándose su propio cable, porque para aspirar tendría que estar enchufada. Todo lo demás sí que tiene sentido.

EL FILAMENTO
DE LAS BOMBILLAS

Esqueleto de la luz

¿Se puede ser más desdichado que un filamento de bombilla? No. Lo dice la palabra: *fi-lamento*. *Fi*, que viene de *filum*, que en latín significa «hilo»; y *lamento*, que en castellano quiere decir «lamento». El filamento es un hilo que se lamenta, y tiene la misma etimología que parlamento, que son dos que se lamentan.

Los filamentos de las bombillas son de tungsteno. Eso no es un nombre serio, parece la marca de una furgoneta de reparto. Bueno, se puede decir tungsteno o wolframio, que es todavía peor. Eso sí que suena a cachondeo. Wolframio es como nombre de albañil de toda la vida.

—Hay que llamar a Wolframio para que traiga un saco de cemento.

—Mañana lo trae en la Fiat Tungsteno.

Tú miras un filamento y da penita: es como una lombriz metiendo tripa, se le marcan todas las costillas. Hay que mirarlo apagado; si no, luego cierras los ojos y lo sigues viendo allá donde vayas. Yo pienso mucho en los mosquitos, que se pasan la vida mirando a una bombilla. Para mí que los pobres siguen viendo la luz después de muertos.

Los filamentos encendidos son ambrosía para los insectos. Las bombillas tienen cristal porque si no se los comerían. Es normal: los filamentos parecen lombrices pequeñas y los insectos, que son como aves pequeñas, hacen lo posible para hincarles el diente.

No todos los filamentos son pequeños. El filamento de una bombilla de faro es como el amortiguador de un camión. Eso lo miras fijamente y se te queda dentro de los párpados para toda la vida. Podrías leer por la noche, si quisieras.

Esa bombilla girando todo el rato... Piensa en las cogorzas que se tienen que agarrar los pobres mosquitos por culpa de los faros. Toda la noche dando vueltas, y vueltas, y vueltas... Los pobres llegan a casa mareados y vomitando. Claro, y las mosquitas enfadadísimas, con enfado furioso de mosquita despierta:

—¿Qué? Ya has vuelto a ir al faro. ¡Mira cómo vienes!

—Te juro que no, que sólo hemos estado bebiendo alcohol hasta perder el sentido y picando algo.

Por cierto, ¿cómo se compra un faro? No me imagino el cartel: «Se vende faro, exterior, muy luminoso». No sé si será cómodo vivir ahí, la verdad. Esa bombilla dando vueltas todo el día... ¿Cómo hacen para que no se le enrede el cable dentro? Imagino que lo tendrán pensado y que eso girará cada día hacia un lado distinto. Los días pares girará hacia la izquierda y los impares hacia la derecha. Es lo mismo que las sirenas de los coches de policía. Lo peor del turno de noche es llegar a la comisaría y tener que desenrollar los cables: eso es peor que desenmarañar los rizos de David Bisbal después de un concierto.

El mantenimiento de un faro no parece sencillo. ¿Cómo se cambia la bombilla? Para empezar, hay que esperar un día entero a que se enfríe. Dicen que ahí se podría freír un huevo. Si lo tocas con los dedos, te fríe las yemas. Lo único bueno es que no hay que desenroscarla. Basta con agarrar la bombilla con un trapo, darle a *play* al faro y eso ya va girando solo.

El filamento está triste porque conoce su condición efímera y sabe que tarde o temprano morirá. Sabe que se fundirá como un cubito de hielo en un café, o como una caja de ahorros con un banco. Es triste. Cuando nace una bombilla, es como dar a luz. Y cuando se funde una bombilla, los seres humanos nos quedamos sin ideas. La desenroscamos y la miramos desconfiados, pensando: «A ver si es que se está haciendo la muerta». La miras y le das con un dedito, como diciendo: «Eh, filamento, ¡despierta!».

Las bombillas están ahí arriba, encendiéndose y apagándose en las alas de los aviones, y ahí abajo, en la frente de esos peces de las profundidades abisales; en el interior de las frías neveras y en el de los cálidos burdeles; todas con un corazón de wolframio que se lamenta porque sabe que tarde o temprano se fundirá. Y todos esos filamentos desaparecerán como taxis en la lluvia.

¿SABÍAS QUE...?

¡El filamento de una bombilla normal de 60 vatios tiene 2 metros de largo! Lo que pasa es que está muy enrolladito. Eso quiere decir que las 400.000 bombillas que adornan la feria de Sevilla suman 800.000 metros de filamento. Teniendo en cuenta que para hacer un jersey son necesarios 550 metros de lana, deducimos que con todas las bombillas de la feria de Sevilla podrían hacerse unos 1.454 jerséis de puro filamento virgen o 727 trajes de luces, que sería más apropiado.

LAS TAPAS DEL VÁTER

¡Va de retrete, Satanás!

La cosa está mal. Mi sobrino se ha tragado un euro y no sabemos si ingresarlo en el hospital o en el banco. Mejor en un hospital privado, que estarán más pendientes del euro.

Cuando la cosa está mal, nadie se acuerda de los débiles; por eso yo quería volver a hablar de uno de los seres más insignificantes de la creación: esos topecillos blancos con forma de supositorio que viven debajo de la tapa del váter.

Esos topecillos expuestos a mil penurias como la tapa de bisagra floja. Esa tapa que es como erección de jubilado: se aguanta arriba un momentito, pero enseguida se va para abajo. Además con mala leche. ¡Placa! Unos sustos. Es la tapa Ibex 35: cae cuando menos te lo esperas.

Aunque quizá sea peor cuando se queda arriba, como bien sabe la nalga desnuda. Que no te das cuenta, te vas a sentar y es como caer al vacío...

Pero un vacío lleno. Lleno de agua. No hay nalga

desnuda preparada para contradicción tan inesperada y refrescante. Te quedas estupefacto, con el esfínter a remojo...; y la gente no lo sabe, pero de ahí viene la expresión «quedarse ano-nadado».

Con el tiempo, los topecillos se van deteriorando... Siempre hay uno que se rompe y se queda ahí el trozo. Ves el váter abierto, con el diente partido, y te recuerda a Mikel Erentxun. Siempre hay otro topecillo que se suelta, pero de un lado solamente..., y queda el pobre dando vueltas cual Cristo escaso de clavos. Girando sobre sí mismo como cuando dejas remar a una novia en las barquitas del Retiro.

Y cuando los topecillos flaquean, entonces se da un fenómeno espantoso: la tapa que derrapa. Cuando uno está sentado en la taza... que, por cierto, yo siempre me he preguntado por qué lo llaman taza... Eso no se parece a una taza. Eso se parece más bien a un casco de astronauta, a una tortuga escayolada o a una bañera para gnomos, pero no a una taza. Bueno, a lo que vamos... La tapa que derrapa es ese fenómeno que se da cuando tú estás sentado ahí, de repente te ladeas un poco... y descarrilas. La tapa te hace un extraño, tipo toro mecánico, y no tienes dónde agarrarte. Vamos a ver... Si eso fuera una taza de verdad, ahí habría un asa para sujetarse. Vamos, digo yo. Que a mí me da igual, pero eso le pasa a King África y al pobre se le queda un moflete fuera. Qué paradoja, ¿verdad? Porque a él no le hace ninguna gracia, pero en realidad se parte el culo.

A base de que la tapa descarrile muchas veces, al final

sólo queda un topecillo, que tú lo ves ahí, de color amarillorina... Sin amigos... Solitario como diente en encía de yonqui. Y te da una pena... Te dan ganas de apadrinarlo. El pobre mira como funcionario responsable a la hora del café: «Es que no doy abasto. Mis compañeros se han ido y me he quedado yo solo haciendo el trabajo de cuatro».

Pero existe una raza de superváteres a los que nunca se les caen los topecillos. Las tapas de los váteres de los trenes, que pesan como tapas de alcantarilla. En caso de que el tren coja un bache y la tapa se venga para abajo, eso se oye fuera del tren con efecto Doppler.

La tapa de los váteres de los trenes es terrible, no por ella en sí, sino por lo que tiene debajo. Ese váter carcelario de los trenes. ¡De metal! Eso no es una taza, eso es un cazo. Un cazo con tapa. Esa tapa de méame y no me toques. Orinar en un tren es como orinar encima de un monopatín en marcha. No se puede apuntar y, claro, pasa lo que pasa: que está todo empapado. De hecho, estás ahí sentado y piensas: «Si ahora mismo descarrila el tren..., yo prefiero no sobrevivir». Debe de ser muy humillante que después de un accidente ferroviario encuentren tu cadáver dentro del WC del tren y tengan que casar tu ADN con el de dos mil personas...

La tapa de váter de avión también está más mojada que los pies de Gene Kelly, pero tiene una cosa muy curiosa debajo: un aspirador atómico. Cuando tiras de la cisterna en un avión, suena ¡DSSSSSSSSS! y se abre una especie de agujero negro a otra dimensión. Eso aspira tan fuerte que, si no te andas con ojo, te chupa las lentillas. Yo conozco a un señor que tiró de la cadena estando sentado y se dio la vuelta como un calcetín. Por eso, aunque la cosa está mal, la próxima vez que mi sobrino se trague un euro lo sentaré en un váter de avión y tiraré de la cadena para recuperar la moneda.

¿SABÍAS QUE...?

En la ciudad de Suwon, Corea del Sur, podemos visitar un parque temático dedicado a los váteres. La principal atracción del recinto es el Museo del Váter, cuya sede es un blanco edificio con forma de inodoro. El impulsor del proyecto, Sim Jae-duck, fue el primer presidente de la Asociación Mundial del Váter, un organismo cuyo objetivo es informar sobre los beneficios de los váteres. El museo, de entrada gratuita, recibe cuarenta mil visitantes al año. Estaría bien que en los servicios del museo hubiese cuadros de Goya.

EL CAJONCILLO DE LIMPIAR LOS ZAPATOS

Zapatero a mis zapatos

En todas las casas hay cajoncillo de limpiar los zapatos y se habla poco del olor de ese sitio. Ese olor a hospital de zapatos, a quirófano y a taller de ruedas de bicicleta. Cuidado porque ese olor coloca con acercarse. Con dos inhalaciones ya no sabes lo que estás haciendo. Yo una vez iba a limpiar los zapatos y acabé dándole cera a un yorkshire que andaba por casa. Creo que no pasó nada más, pero tampoco lo puedo asegurar, porque estuvo dos semanas mandándome mensajes al móvil.

Ese cajoncito con su cepillo de dientes talla XXL, su crema para restaurar cuero, esa especie de tubo de pasta de dientes gigante... Parece el neceser de Mick Jagger.

Es importante llevar los zapatos limpios. Nadie lo ha dicho, pero en el cajoncillo de los zapatos de la Cenicienta había un bote de Cristasol.

¿Conoces la expresión «estar contento como niño con zapatos nuevos»? Pues es una patraña. Jamás ha existido un niño contento con zapatos nuevos. Los niños odian ir a comprar zapatos: preferirían serrarse el pie y dárselo a su madre para que fuera ella. Los zapatos nuevos hacen daño. Decir «Contento como niño con zapatos nuevos» es como decir «Contento como niño al que le acaban de poner dos inyecciones».

El producto estrella del cajoncito es el betún negro. Esa crema espesa, densa como una resaca de licor café. En teoría es para lustrar los zapatos, pero si por lo que fuera no tienes zapatos, te puedes pintar directamente el pie. Te das dos o tres capitas generosas, luego pegas unos cordoncitos en el empeine y es mejor que llevar zapatos. Sólo tiene un problema: los pisotones. Lo bueno es que es muy fácil saber quién fue: no tienes más que seguir las huellas.

Ese betún también sirve para pintarse un bigote como el de Groucho Marx. Yo estoy seguro de que usaba betún, una buena untada debajo de la nariz. El bueno de Groucho respirando esos vapores todo el día... y así se le ocurrían esas cosas tan geniales.

Además se usa para disfrazar a un concejal de Baltasar en la cabalgata de Reyes. Recuerdo una vez que empezó a llover y los niños lloraban porque pensaban que el rey se derretía.

El azul marino también es frecuente, pero no tanto. Yo casi no los distingo. Diferenciar calcetín negro de azul marino es imposible. Sin embargo, recuerdo un ayuntamiento escaso de presupuesto donde apostaron por un Baltasar azul marino. Y se notaba. No quedaba mal, pero no era lo mismo. Tenía algo de X-Men.

Luego están las latas de colores que no se usan. Un día está de moda el verde pistacho; tiras los zapatos, pero te quedas con la latita de betún por si vuelven. Verde pistacho, rosa chicle, amarillo pollito... Esas latas de colores raros no las tiras, las guardas para siempre. Mi madre tiene en casa la del betún blanco de los zapatos de mi comunión. Está entera. ¿Qué podemos hacer con todas esas latas de betún blanco que hay en todas las casas de España? Deberíamos enviarlas a África. Sí, para la cabalgata de Reyes. Allí cada año tienen que pintar a dos de blanco.

Los productos de limpiar zapatos envejecen mal. Aquello termina siendo un cementerio de latas que no se pueden abrir, tubos como de pasta de dientes todos resecos, trapitos acartonados... Esa especie de desodorante roll-on que tiene una esponjita en la punta, que se seca, cae y queda el pobre bote como circuncidado... Lo único que realmente funciona de todo lo que hay allí es la esponjita negra engrasada que hay en los hoteles. El problema es cuando uno no suele ir a hoteles. ¿Qué hacer entonces? Yo, para limpiar los zapatos, les paso un hámster húmedo.

Los zapatos de todos los colores pueden lustrarse con un solo producto, que es el betún incoloro. El betún incoloro es el comodín de la baraja, el donante universal, el HDMI de los betunes. ¿Por qué no existe solamente el betún incoloro? Porque entonces no podríamos seguir acumulando betunes, y todos sabemos que al ser humano le gusta atesorar cosas más que llevar los zapatos limpios.

Y por eso te encuentras un tornillo y dices: «Voy a

guardarlo... por si algún día encuentro la tuerca». Y vas metiendo cosas en el cajoncillo de limpiar los zapatos, y ahí se quedan, y se van secando, y no las tiras por si algún día... Como tantas cosas en la vida... Tantos miedos, prejuicios, ideas, complejos, relaciones que nos acompañan toda la vida y que ya están secas, pero no las tiras... por si algún día...

¿SABÍAS QUE...?

La limpieza del calzado es una de las materias que más «¿Sabías que...?» ha generado en la historia de la literatura de los «¿Sabías que...?». He aquí algunos ejemplos:

- El betún seco puede recuperarse echándole unas gotas de limón o de leche caliente. Así se ablandará y podrás usarlo de nuevo.

- Después de limpiar los zapatos, es posible que tengas manchas de betún en las manos. Esas manchas se quitan lavándote las manos con pasta de dientes. Por el contrario, no se recomienda lavar los dientes con el betún.

- Si tienes betún sobrante, mézclalo con carne picada, tomate y orégano, y échalo a los espaguetis. Está asqueroso.

• En el número 4 de la publicación *Floresta Española,* del 22 de enero de 1835, se explica un «modo de hacer un betún para las botas y zapatos, que no mancha ni las manos ni las medias», que puede ser útil como solución de urgencia si no tienes betún a mano: «Tómese un cuartillo de cerveza, una onza de negro de marfil hecho polvos, media onza de azúcar piedra, igual cantidad de goma arábiga, y media onza de cera virgen: todo junto se meterá dentro de un puchero y se hará hervir dos minutos, y enseguida se saca del fuego y se deja enfriar. Este negro se da líquido y en frío con una brocha; luego con un cepillo blando de pelo se iguala, y después se saca el lustre con otro cepillo más fuerte». Más abajo el redactor pide que saques una foto de los zapatos y la subas a Twitter.

LAS ESPONJAS

Seres porosos

Una esponja de baño no es una buena idea. Eso no puede ser artículo de higiene. Una superficie húmeda en la que fermenta la roña frotada de nuestro cuerpo podría ser un experimento de ciencias, pero no un artículo de higiene.

Es como un estropajo para humanos. La diferencia es que de vez en cuando alguien coge el estropajo y dice: «Hay que comprar otro, que éste ya da vergüenza mirarlo». Con una esponja eso no pasa jamás. Nunca una voz en nuestro interior ha dicho: «Hola, soy tu conciencia. ¿No crees que ya es hora de comprar otra esponja?». Nunca. Las piedras pómez son esponjas que llevan ahí desde el Neolítico.

Nadie quiere tocar ese tema y, como consecuencia, hay esponjas que tampoco quiere tocarlas nadie. Si tuvieran ojos, al entrar en la ducha nos mirarían como diciendo: «Tío, tenemos que hablar». Pero no tienen ojos, tienen pelo. Algunas tienen más pelo que sus propios dueños.

Las esponjas sufren alopecia invertida: según pasan los años, son cada vez más peludas. He visto esponjas a las que podrías ponerles un collar y sacarlas a pasear.

El problema de la esponja es que no está clara su obligatoriedad. ¿Es necesaria la esponja? ¿Es primordial como el cepillo de dientes o es secundaria como el enjuague bucal? Uno puede frotarse con la mano, ¿no? Mucho asco tiene que darte tu propia piel para que no quieras ni tocarla con la mano.

Los defensores de la necesidad de la esponja alegan que hay manchas que requieren ser frotadas. ¿Cuáles? ¿Las pecas? Cuidado, no se vaya usted a borrar un pezón.

A ciertas edades puede que sí sea necesaria. Es cierto que cuando uno es niño tiene un talento especial para mancharse. Durante mi infancia llegué a tener las rodillas de un color gris elefante que no lo quitabas ni con el rallador de queso. Salía más rentable volver a tapizar las rodillas con piel humana que lavarlas.

Luego crecemos, el tiempo pasa y la esponja va quedando ahí, en el bordillo de la bañera, asomada a ese barranco de loza. Menos mal que no tienen ojos, porque, si no, el día menos pensado se tirarían. De hecho, ya están empezando a aparecer esponjas ahorcadas por un cordelito: colgadas de un ganchito, atadas al grifo, agarradas a una cadenita. Son como botafumeiros de bañera.

Pero no protestan. Las esponjas son como esas personas que nunca se quejan de nada, que se lo guardan todo adentro, que se van poniendo mustias poco a poco y de repente un día... colapsan. Un día, agarras la esponja para ver cómo se encuentra, la pobre ya no puede más... ¡y se te hace pis encima! Ese pis de esponja está helado. Da mucha pena y asquito a la vez. Es un pis frío como el pis de las personas tristes. ¿Por qué? Porque cuando una esponja colapsa es que ya se teme lo peor.

Deshacerse de una esponja es muy duro. Esa criatura lleva en la familia más tiempo que tú. Si se hiciera las pruebas del ADN, saldría que es familiar directo. ¡Cómo no va a ser parte de la familia si está compuesta por partes de la familia: pelitos, escamitas, roñita, pielecitas muertecitas...! A esas alturas ya no debería llamarse esponja, ¡debería llamarse *hezponja*!

Antes de tirarla, la miras por última vez y te asalta una duda. ¿Esto dónde se tira? ¿Al contenedor de orgánico o al de inorgánico? Da igual. Yo la mía la dejé un rato al sol, le salieron alas y se fue volando.

Voló y se escondió en el tejado de El Corte Inglés, donde están los aires acondicionados esos que echan un humo blanco misterioso. Dicen que allí hay un nido gigante donde viven las esponjas de baño que han conseguido escapar de las bañeras. Allí viven desde el principio de los tiempos planeando algo contra la raza humana. De vez en cuando se acercan volando a nuestras ventanas para espiarnos como pajaritos; pero claro, espiar sin ojos no es piar..., y se dan unos golpes tremendos contra las ventanas. Así que, si alguna vez, al filo de una lúgubre medianoche, mientras débil y cansado, en tristes reflexiones embebido, oyeses de súbito un leve golpe, como si suavemente tocaran en el cristal, *es —seguramente sea— una esponja voladora que habrá pertenecido a Leonora. Eso es todo, y nada más.*

¿SABÍAS QUE...?

La esponja marina utilizada como esponja de baño es una especie llamada *Spongia officinalis.* Se trata de un organismo vivo cuya capacidad de absorción no ha sido superada por ningún producto sintético. Esta esponja es hermafrodita y se reproduce sexualmente liberando los gametos en el agua. Sus larvas nadan libremente hasta fijarse en cualquier sustrato. Chicas: cuidado. No seríais la primera que empieza frotándose con una esponja y acaba teniendo que irse a vivir a una piña debajo del mar. Nadie quiere tener una pareja tan absorbente.

DINERO QUE CUESTA GASTAR Y DINERO QUE NO

Mejor gastar y Baltasar

Los euros no son todos iguales. Hay unos que cuesta mucho gastarlos y otros que no. Hay tonterías que uno paga alegremente sin pensar. Un día se te antoja un gofre, te piden cinco euros y ni lo piensas. Sin embargo, hay otras cosas mucho más esenciales y no estaríamos dispuestos a pagar por ellas ni cinco céntimos. Por ejemplo, nadie pagaría cinco céntimos por votar. O por ir a misa. O por ver Televisión Española. Son cosas que sentimos que deben ser gratis. Por eso cuando decidieron que había que pagar cinco céntimos por una bolsa de supermercado, lo sentimos como un ataque a la línea de flotación de los pilares de nuestra sociedad.

Esos cinco céntimos de la bolsa de plástico del súper te duelen en lo más hondo. Son como expulsar un cólico nefrítico: parece mentira que soltar tan poco pueda doler tanto. Yo nunca cojo bolsa. Pero no por ecologismo, de eso nada. Yo no pido bolsa por no soltar los cinco céntimos. Me lo llevo todo en brazos, en los bolsillos, en la capucha de la sudadera... Prefiero graparme la comida al cuerpo antes que soltar cinco céntimos. Una vez intenté pagar la bolsa con un billete de cincuenta euros. Pensé: «Si no tiene cambio, seguro que me la regalan». Un consejo: nunca vayas de listo en una caja de supermercado. Si algo tienen allí son monedas de cinco céntimos. La tía me miró y me dio cuarenta y nueve euros con noventa y cinco céntimos en moneditas. Me fui a casa con novecientas noventa y nueve, una encima de la otra. Miento: novecientas noventa y ocho, porque al final tuve que pagar otra bolsa para llevar las monedas.

Sin embargo, cada vez que sale un secuestro en una peli, la gente está deseando soltar la pasta. El problema del rescate es que, si no lo pagas, los secuestradores te amenazan con mandarte a tu hijo dentro de una bolsa; y yo los veinte millones del hijo los pago, pero los cinco céntimos de la bolsa..., ¡ni de coña!

Comprar un coche es como pagar un secuestro y que te cobren la bolsa: lo gordo lo pagas a gusto, pero los extras no. Los extras de un coche tienen precios como de aeropuerto. Son muy caros: radio con mp3: seiscientos euros; faros de xenón: mil quinientos euros... Te dicen: «Veinte mil euros por el coche pelado, pero con el navegador, veintidós mil», y te llevan los demonios. ¿Dos mil euros por el navegador? Por ese precio me compro un gondolero veneciano, que es más romántico y navega igual. No es cuestión de dinero, sino de cómo te lo digan. Si te dicen que el coche cuesta veinticinco mil euros pero que te regalan el navegador, te vas más contento que si te hubiera tocado la lotería.

En cuanto a coches, lo que más cuesta pagar es el parking. Prefieres gastar siete depósitos de gasolina dando vueltas a la manzana que meter el coche en un parking. Hay gente que por no entrar en un parking le regala el coche a un pobre. Cuando por fin das tu brazo a torcer, sólo tienes un consuelo: «Al menos me he ahorrado todo el tiempo de parking que he estado dando vueltas».

No nos gusta gastar en suplementos. Da mucha rabia cuando ves el ticket del restaurante y pone: «Suplemento pan y cubiertos, dos euros». Yo el pan lo dejo, pero los cubiertos me los llevo. Otro suplemento es el suplemento de terraza: Coca-Cola dentro, dos euros; en terraza, cuatro euros. Es curioso: el tío pone un bar y te cobra el doble por no tomarte la Coca-Cola allí. Es como si en el cine te cobraran el doble por quedarte viendo la peli en casa. Ésta es otra: los ocho euros de una entrada de cine duele mucho pagarlos, pero los ocho euros de la Coca-Cola del cine la gente los paga encantada. Puede que sea la Coca-Cola más cara de la historia, pero ten en cuenta que con una sola Coca-Cola de terracita, dos garrafas de cinco litros de agua mineral y un contenedor de hielo sacas Coca-Cola para abastecer a dos cines enteros.

Otra cosa en la que nos encanta gastar el dinero es en una boda. En una boda no hay límites: «¡Venga, que es una vez en la vida!». Vestido de novia: cuatro mil euros. ¡Y es sólo para un día! Salvo que seas Liz Taylor, que la pobre ha estado más tiempo en trajes de boda que en vaqueros, eso no lo amortizas jamás. ¿Para qué sirve un traje de novia después de la boda? Como no sea para ponértelo por la noche, coger una palmatoria e ir por las carreteras secundarias a hacer bromas... No se me ocurre otro uso.

Luego viene el convite. Hay menús que deberían estar prohibidos por la OMS. Entrantes fritos y entremeses variados seguidos de plato de cuchara, dos platos de carne, dos de pescado, postre, café y baile con barra libre. La gente dice: «¡Venga, que sólo se vive una vez!». Por un poco más deberían incluir un servicio de UVI móvil en la puerta, que también sólo se muere una vez.

El banquete cuesta una pasta. Son cantidades gastronómicas. Se han dado casos de gente que se hipoteca para pagar la boda, luego no puede pagar el crédito y el banco se queda con uno de los cónyuges. Es una millonada, pero se paga a gusto porque es para toda la vida. No es fácil de entender. En una boda nos encanta gastar el dinero; sin embargo, en un divorcio no, y eso sí que es para toda la vida.

El dinero que más nos duele gastar es el que ya nos hemos gastado. Da igual lo poco que te haya costado tu boda, tu divorcio, tu Coca-Cola, tu coche o el secuestro de tu hijo, que si al día siguiente lo ves más barato en otro sitio, te quieres morir.

¿SABÍAS QUE...?

Cuando pasamos de la peseta al euro, se quedaron 284.187.288.000 pesetas sin cambiar. Son 1.708 millones de euros en pesetas que andan por ahí, en las huchas, entre los cojines del sofá, en la arena de la playa, en las gomas de la puerta de la lavadora y dentro de los colchones de las familias más humildes... Si el Estado dispusiera de ese capital, podría construir cuatro aeropuertos como el de Ciudad Real. Uno para Toledo, otro para Cuenca, otro para Albacete y otro para Guadalajara.

TEMAS DE COMIDA

*****

LOS CHURROS

No mezclar con los merinos

En España hay fenómenos como ese señor de la mudanza que sube seis pisos por la escalera con una nevera a la espalda. Yo creo que esto se debe a una poción mágica, y no puede ser otra que los churros. A simple vista parecen la oveja negra de la dieta mediterránea, pero de eso nada: son el complemento ideal.

Esa tripa maciza de dueño de ferretería, que la tocas y no es blanda ni dura sino todo lo contrario..., ¡es viscoelástica! Se hunde con la forma de tu dedo y, al sacarlo, recupera su forma original. Eso tiene churro dentro. Es una de las características del churro: con el paso del tiempo, se achicla y se agoma. Crujientes por la mañana, correosos por la tarde, y al día siguiente los masticas y puedes hacer globos. Un churro del mes pasado pueden atártelo al brazo y sacarte sangre. Y con una porra que lleve más de un mes puedes cargar en una manifestación.

Aquí se plantea un debate que tiene dividida a media España. ¿Churros o porras? El churro es como un calamar a la romana y la porra es como un puro frito. Son la misma masa, pero no se te ocurra darle porra a un churrista ni darle churro a un porrero. Bueno, la verdad es que al porrero le basta con que le des el chocolate.

El chocolate es imprescindible. Ese chocolate denso... que se puede clavar el churro. Eso necesitas meses para digerirlo.

—Mamá, ¿me puedo bañar ya?

—¿Te has tomado el chocolate con churros?

—Sí.

—Pues hasta que no cumplas los treinta y dos no puedes volver a meterte en una piscina.

Es un chocolate tan denso que se curva la luz. Es como un agujero negro. Se han dado casos de jubilados que desaparecen delante de un chocolate de ésos y aparecen en otra dimensión.

Tanto el chocolate como los churros es mejor tomarlos en churrería. Con ese camarero de churrería, que es como de una estirpe superior. Los camareros de churrería son los reyes de los camareros. Más impenetrables, más inaccesibles. Corteses, pero hoscos.

Escuchan la comanda sin opinar, para no avivar las brasas del conflicto eterno porra-churro. Van con esos pantalones negros y esa americana blanca. Muy serios. Aunque el camarero tenga quince años, parece que tenga sesenta.

Allí todo es perfecto excepto una cosa: las servilletas. No hay nada más incapaz que una servilleta de churrería. Estás en un universo donde la grasa abunda más que el hidrógeno, expuesto a un chocolate que si te mancha el pantalón tienes que tirar hasta los calzoncillos, y te dan una servilleta translúcida... Secarse con eso es como limpiarse con un recordatorio de la primera comunión. Eso no limpia. Yo espero a que traigan la cuenta y me limpio con el ticket, que absorbe más.

Los churros hay que tomarlos en churrería. En cafetería no es lo mismo. Ese churro de cafetería de hospital, abandonado en un platito en el expositor, al lado de un sobao pasiego... Los ves por la mañana y el sobao está sobao y el churro hecho un churro. Ese churro da pena: triste, mareado...; se ve que ha hecho un viaje largo desde la churrería, envuelto en ese papel marrón que absorbe la grasa hasta que se queda transparente, que te envuelves con ese papel y adelgazas cuatro kilos. Si las churrerías pusieran ese papel en vez de servilletas, serían perfectas.

El churro tiene grasa, hay que reconocerlo. Recuerdo un señor que en vez de dar miguitas a las palomas les daba churros. Es la primera vez en mi vida que vi a una paloma echarse la siesta. Yo me fijé y las pobres tenían celulitis.

Sin duda, los churros que más grasa tienen son los de la feria. Te comes uno y son dos años menos de vida. Lo sientes reptar por tus arterias. Los fríen en petróleo, los bañan en chocolate y los rellenan de crema pastelera. Si sacas una calculadora y haces la cuenta, cada churro tiene tres millones de calorías. Churros y porras, da igual. Les meten crema, turrón, queso, dulce de leche... Ya puestos a rellenarlos, que hagan los churros rellenos de porras y acaban con el dilema. Como alimento, no sé; pero como combustible para centrales nucleares es maravilloso.

Esa churrería de feria itinerante, que se despliega como una nave espacial. Le salen unas patas, unos paneles, unas bombillas... El camión churrería es el primer *transformer* de la historia. Con esa piscina de aceite que es como una pila bautismal para búfalos. Si quieren pueden freír a un jubilado entero. Esos camiones churrería son un peligro. Un día chocan dos en la autopista y el desastre ecológico equivale al naufragio de una flota de petroleros.

A todo el mundo le gustan los churros pero, llegados a una edad, los abuelos ya no meriendan otra cosa. Comen churros como si ya no les interesasen el resto de los pecados. Es como si a partir de los sesenta y cinco quisieran dejar este mundo haciendo algo que de verdad les llene... Y no estoy hablando metafóricamente. Se van a la churrería y dicen: «A mí ya me da igual todo. Me voy a una terracita en verano a comer churros y que sea lo que Dios quiera».

¿SABÍAS QUE...?

La porra se diferencia del churro en la preparación de la masa. Mientras los churros se hacen con agua muy caliente para que queme la levadura, las porras precisan de agua templada, lo que hace que la levadura les proporcione una textura más esponjosa. Ahora pensaba hacer algún comentario simpático, pero me parece un tema demasiado serio sobre el que no se debe frivolizar.

LOS MARISCOS

Del mar arisco sale el mejor marisco

Los mariscos no son sólo deliciosas criaturas rellenas de marisco. Debajo de esos exoesqueletos late un corazoncito largo y tubular, lleno de buenos sentimientos. Son feos, eso nadie lo niega. En un certamen de belleza, la centolla tiene menos posibilidades que Stephen Hawking en el *Titanic*. La gacela sería Miss Elegancia; el delfín, Miss Simpatía; y la pobre centolla..., como mucho, Miss Condolencias.

No es una criatura que entre por los ojos, ni mucho menos por la nariz. El primero que se comió una centolla no se la comió a besos, estoy seguro. Es paradójico que una criatura de litoral tenga la belleza en el interior, pero es así: el marisco es feo. Y es feo para nuestro bien. Me explico... Todos sabemos que la Navidad saca a relucir lo peor del ser humano. Una abuelita candorosa preparando la cena de Navidad es algo que haría llorar pus al propio Satanás. Para empezar, la abuela coge las cigalas, ¡y las hierve vivas! Eso no se hace en ninguna otra época del año ni con ninguna otra especie. ¡Hierve un puma vivo, a ver si hay huevos!

El marisco es feo para que nos lo podamos comer sin remordimientos. Esos ojos que no son ojos, que son como pepitas de sandía, tienen un porqué. Son para poder arrancarles la cabeza a las gambas, chuparlas, tirarlas al suelo y luego comernos su cuerpo sin sentirnos culpables. Si fueran cachorritos de cocker sería mucho más difícil. Imagínate que los mariscos fueran cachorritos de cocker. ¿Seríamos capaces de hervirlos vivos, ponerlos en una fuente, echarles limón en los ojos, arrancarles la cabecita, chuparla, troncharles las patitas y luego partirles el esternón para comer lo de adentro? No sé. A lo mejor en Navidad sí, pero sólo en Navidad.

Los mariscos tienen cáscara y no tienen ojos, como las pipas. Bueno, las pipas son más fáciles de abrir. Nadie se sienta en un banco del parque a comer ostras o centollas. La verdad, no entiendo el glamur que envuelve a las ostras: un alimento salado, gelatinoso, grisáceo con irisaciones en blanco y que cuesta arrancarlo. Por ahora es igual que comerse un moco. Lo que pasa es que comerse un moco así, con el dedo, es una cochinada; pero al parecer, si te lo sacas con un tenedor y le echas un chorrito de limón, es afrodisiaco.

Los mariscos, las pipas y las tortugas han desarrollado sus caparazones como mecanismo de defensa. Lo que pasa es que no son muy efectivos que digamos. Todo el mundo sigue comiendo pipas, tortugas y marisco. Amigos con caparazón: ese sistema sólo sirve para que el depredador tarde un poco más en comerte. No vale la pena. Cargas toda la vida con un armazón y lo único que consigues es que tu captor llegue tarde a una cita. Como mucho, puedes llegar a la categoría de crispante incordio. Pongamos el caso de esa ballena que atraviesa el Pacífico con la boca abierta engullendo plancton y que de repente se le cuela una tortuga. Eso es molesto, hay que reconocerlo. Es como cuando estás comiendo un revuelto de frutos secos y de repente te aparece una pipa. Te corta el rollo. ¿De quién habrá sido la idea de incluir pipas con cáscara en el revuelto de frutos secos? Ese tío merece que lo hiervan vivo, le arranquen la cabeza, le tronchen el esternón y se coman lo de adentro, ahora o en Navidad.

El mejor mecanismo de defensa para estar a salvo en la cadena alimenticia es saber mal. Si te fijas, el brócoli no necesita caparazones, ni garras, ni venenos, porque eso no hay animal cuerdo que se lo coma. Los únicos enemigos que tiene el brócoli son los vegetarianos. Contra ésos no hay caparazón que valga. Hay brócolis aprendiendo a componer canción protesta para defenderse.

El marisco se defiende con pinzas porque no le queda otro remedio. La vida con pinzas no es fácil. Imagina esos crustáceos adolescentes, encerrados en el cuarto de baño durante horas..., y esa madre preocupada:

—¿Estás bien, hijo?

—No, madre, me he hecho daño.

Cuando eres humano, los curas dicen que si te tocas te puedes quedar ciego. Cuando eres marisco, si te tocas te circuncidas. Por eso en los acuarios de los restaurantes lo primero que hacen con los jóvenes mariscos es ponerles gomas en las pinzas. Esos acuarios llenos de langostas gigantescas, bogavantes tremendos, centollas brutales... y en medio un barquito pirata en miniatura que echa burbujitas. Yo lo pedí una vez y no está nada rico. ¿A quién quieren engañar con eso? ¿A las langostas? A lo mejor es el premio que viene con el Happy Meal de marisco.

Otra cosa que tienen los acuarios es un aparatito que controla el ph de la pecera. Cuando el ph se dispara, en vez de pecera pone phecera y empiezan a aparecer phaltas de ortographía por todas partes. Esos acuarios son una idea espeluznante. Sirven para que veas el bicho antes de comértelo. Es muy cruel porque el bicho también te ve a ti. Cada vez que entra alguien por la puerta, las langostas cruzan las pinzas, que es lo único que pueden hacer con esas gomas, y rezan: «Por favor, que pida solomillo, por favor, que pida solomillo...».

—¿Qué tal, señor obispo? ¿Un solomillo al Oporto, como siempre?

—No. Hoy mariscada, que estamos en Cuaresma y no se puede comer carne.

Cuando ven que un gordo llama al camarero y empieza a señalar al acuario..., mal rollo. Ahí no hay cortesías, ni los niños primero, ni nada. Es sálvese quien pueda. Si eres una pequeña quisquilla, te puedes esconder dentro del barco; pero como el gordo sea muy quisquilloso, de ahí te sacan con la escobilla del váter si es preciso. Lo malo no es que se lleven a uno, lo peor es que luego todos ven cómo el gordo se lo come. Es muy triste. Los mariscos lloran mucho con lágrimas muy saladas y se pasan el ph de la phecera por el phorro del cephalotórax.

—Amigos, ¿han visto por aquí a una madre sin un hijo como yo?

—¿Era una madre rojita y moteada, como con unas patatitas hervidas a un lado y un poquito de mayonesa?

—¡Sí, ésa!

—Pues se la está comiendo aquel gordo de allí.

¿Quién se habrá comido una nécora por primera vez? No es fácil pensar que eso es comestible. Yo me hubiera callado por el qué dirán:

—Mira, este tío es el que se come las arañas gigantes que viven en las rocas.

Esa fama luego no hay quien te la quite. En caso de que ya lo sepa la gente, lo más inteligente es decir que no está rica. Si no, quedas de depravado:

—Mira, este tío es el que se come las arañas gigantes que viven en las rocas y además le gustan.

Además, si dices que saben mal..., nadie las prueba y te quedan todas para ti. Aunque quizá haya una opción mejor... Decirles a todos que están buenísimas, convencerlos de que las prueben y luego cobrárselas a doscientos euros el kilo.

Tiene que ser duro ser marisco. No lo digo por sus conchas y caparazones, sino porque, a pesar de estar siempre en playas, en restaurantes y zarzuelas..., nunca los hemos visto sonreír.

¿SABÍAS QUE...?

Los percebes tienen un pene que duplica el tamaño de su cuerpo. Si a los seres humanos nos pasara lo mismo, cada vez que fuésemos a la playa también nos esconderíamos en las rocas y nos meteríamos en las aguas más frías que pudiésemos encontrar.

LAS NEVERAS Y LOS CONGELADORES

El armario más fresco

La nevera dice de una persona mucho más que un análisis de orina. Tan sólo mirando la puerta ya sabes si tiene hijos, qué tal dibujan y de qué se han disfrazado en carnaval. Todo eso sin abrirla. ¿Qué te dice un médico sin abrir el frasquito? Siendo optimista, como mucho te dirá que lo ve medio lleno.

El Servicio Secreto americano, en lugar de espiar nuestras comunicaciones, debería espiar nuestras neveras. Según los imanes de la puerta, ya sabes qué países ha visitado la persona, dónde pide las pizzas y cómo está la relación con su pareja. Hay parejas que sólo se comunican a base de notas en la nevera. Recuerdo unos amigos que rompieron. Ella le dejó una nota que decía: «Me marcho porque esto no funciona», y el tío llevó a arreglar la nevera.

La vida de una nevera es dura. Cuando son pequeñas trabajan como minibar en hoteles. La ves ahí, tan pequeña que te dan ganas de denunciar a los del hotel por explotación infantil. Luego crecen y se convierten en neveras hechas y derechas que entran en una cocina y ahí se quedan. No deja de sorprender que algo tan estático como la nevera, que se mueve el día que te la traen y el día que se la llevan, tenga ruedas. Unas ruedecillas pequeñas, como de robot. Será por si te la quieres llevar a la habitación y no tener que levantarte por la noche. Hay gente que va tantas veces a la nevera que podría ponerle una puerta giratoria. ¿Para qué serán esas ruedas? A lo mejor hay alguna persona a quien se le funde la lamparita de la mesilla de noche y se lleva la nevera para leer con la puerta abierta. Ese cacharro se mueve dos veces cada veinte años y tiene ruedas. Y la bombona de butano, que pesa lo mismo y hay que cambiarla todos los meses, hay que moverla a pulso. No es justo.

Mover una nevera no es agradable. Detrás tiene esa reja parecida a un somier que se llena de polvo, mugre y cosas que caen por ahí y quedan atrapadas. Mover una nevera es como abrir una ventana al pasado. Cosas que uno creía perdidas vuelven a aparecer. Encuentras un ticket de la tintorería, una foto, una pinza y una peseta... Todo sepultado en polvo. Ese polvo espeso y peludo como barriguita de gato. Una vez mi madre movió la nevera y mi hermana y yo hicimos un muñeco de nieve gris. Con dos pesetas y la pinza, le hicimos los ojos y la nariz.

Toda nevera que se precie ha de tener una balda para los huevos. Nunca lo entendí. En el supermercado, que yo sepa, los huevos no están en nevera. Por esa regla de tres, deberíamos poner en la nevera el papel higiénico y el azúcar. Hay cosas que en el súper están a temperatura ambiente pero luego en casa las metemos en la nevera: los limones, la nata montada, la lechuga... Y al revés: hay cosas que nosotros guardamos a temperatura ambiente pero luego por ahí las tienen en neveras, como los riñones o los corazones humanos.

La nevera más miserable de todas es la de las oficinas, que tiene post-its con el nombre de cada uno. Una botellita de Nestea a medio beber que pone «Jaime, recursos humanos». Vaya, parece que andamos escasos de recursos, ¿eh, Jaime? Se han dado casos de empresas negociando operaciones de millones de euros y en la nevera tienen medio sándwich con un post-it que dice «Julián, de tesorería». Las auditorías deberían mirar dentro de la nevera de la oficina. Esa tesorería no va tan bien si tienes que poner un sándwich a tu nombre. La única nevera en la que se agradecen los post-its es la de la oficina del hospital. Si hay una botellita de Nestea que pone «Paco, de análisis», mejor no tocarla. Una tartera sin post-it en la oficina de trasplantes sólo puede dar pie a malentendidos.

Cuando las neveras crecen, son congeladores gigantes. Esos de arcón. Mi madre se compró uno y yo creí que quería poner un pingüinario. Ese arcón congelador que lo abres, lo cierras y luego cuesta mucho volver a abrirlo. Hace succión. Tienes que esperar. Si el arcón es grande, puedes tirarte un par de semanas. En el de mi madre se metieron dos osos a hibernar y estuvieron ahí hasta la primavera sin que nadie los molestara.

Sabemos muy poco de las neveras. Sabemos que son blancas. ¿Por qué? Eso no se sabe. Otra pregunta: ¿los esquimales tienen nevera? Tampoco se sabe. ¿Por qué? Porque son blancas. Nadie las ha visto. La única manera de verlas sería gracias a los imanes, y hasta allí no llega Telepizza. A lo mejor aquello está lleno de neveras, pero no las vemos. Mucha gente se pregunta: «¿Y para qué usaría una nevera una civilización en la que los helados se toman del tiempo?». Pues como armario para guardar abrigos, ¿o es que tampoco tienen derecho a tener armarios? Ser esquimal es muy duro. Te levantas por la mañana, vas a mear y derrites el váter. Cuarenta grados bajo cero. Date una ducha, a ver si tienes huevos. Y no lo digo metafóricamente. Mira a ver si están, porque desnudo y a cuarenta grados bajo cero... desaparecen. Esto refuerza la teoría de que la balda con huecos de la nevera no es para poner los huevos.

Allí la gente valiente no se hace guerrero ni cazador de osos. Allí, si alguien es aguerrido, se hace *stripper*. Hay esquimales que mueren sin haber visto una teta. Algunos no han visto ni las suyas.

Sabemos muy poco de los esquimales. ¿Por qué? Porque no tienen neveras. Si las tuvieran sabríamos qué tal dibujan sus hijos, qué países visitan y hasta cómo es su vida en pareja.

Larga vida a esquimales y neveras. Yo siempre seré fan de un pueblo en el que su temperatura mínima es de cuarenta grados bajo cero y su máxima... «Vive y deja vivir».

¿SABÍAS QUE…?

Antiguamente, la nevera era un armario de madera que tenía dos compartimentos: uno inferior donde se ponían los alimentos que requerían frío para su conservación, y uno superior en el que se ponía nieve, de ahí el nombre de *nevera*. Esto era un engorro por varias razones. En primer lugar, había que construir pozos de nieve en las poblaciones cercanas de cotas altas que tuviesen nieve hasta la primavera. En segundo lugar, había que transportar la nieve de noche, protegida con paja en carros tirados por caballos. Y en tercer lugar, lo más grave de todo: al tener la nevera las puertas de madera, los imanes no se pegaban.

LAS PAJITAS

Succión, reacción

Beber de un vaso tiene el mismo glamur que beber de un porrón, de una boca de riego o de un bidé. Es decir: ninguno. Por eso las clases refinadas han tenido que inventar la pajita, porque chupar es mucho más elegante. No hay más que fijarse en reyes y aristócratas para darse cuenta de que casi no hacen otra cosa.

Beber con pajita hace que volvamos a ser niños. Es el instinto de succión. Cuando nacemos, los pechos de una madre son como un tetrabrik redondo y lleno de leche con una pajita para succionar. Desde ese momento ya estamos enganchados. En nuestros primeros cumpleaños, por ejemplo, el color de la canulilla es importantísimo. Mucho más que la bebida. Te beberías un vaso de Cristasol con tal de que te dieran la pajita roja. Y las niñas todavía son peores. He visto a niñas ahorcar a compañeras con sus propias trenzas por una pajita rosa. Es importante porque la pajita no se usa sólo para beber. También es cerbatana, jabalina y utensilio de laboratorio. Esto último es inevitable. En todo cumpleaños llega un momento en el que se intenta sintetizar un sabor nuevo mezclando Coca-Cola con Fanta, y para ello la pajita es imprescindible. La Fanta-Cola, esa especie de brebaje pantanoso rodeado de espuma seca que, en caso de comercializarse, sólo podría llamarse Fanta-Ciénaga. Repugnante, sí; pero, si hay mercado para la Cherry Coke, tiene que haberlo para esto.

Aprendías lo de meter la pajita en el vaso, tapar con el dedo y sacarla con el líquido dentro. Es la parte didáctica del cumpleaños: los niños se van familiarizando con Blaise Pascal y en el futuro podrán robar gasolina sin más ayuda que una manguera.

Las pajitas pueden tener el cuello flexible como los flamencos. Es como si tuvieran una rodilla en la garganta. La pajita no apunta al cielo, te apunta a ti. Da miedo.

—Creo que me han echado algo en la bebida.

—¿Droga?

—No, un submarino pequeñito.

Otro tipo de pajita es la que viene adosada a los minitetrabriks, dentro de un plastiquito y con la punta afilada como un arpón. Los vampiros más sofisticados usan eso. Te la clavan en el cuello y beben directamente. En realidad esa pajita acaba en punta para penetrar el zumito, que no es nada fácil. Es incómodo para ambos, para el tetrabrik y para ti. Sacas la pajita, intentas clavarla, se dobla, vuelves a intentarlo y, cuando por fin consigues meterla..., se desborda todo el zumo. Te dan ganas de decirle al tetrabrik: «Te juro que es la primera vez que me pasa». Luego vas cogiendo experiencia y pasas de tomar zumitos a beber batidos del Starbucks y Coca-Colas del McDonald's. A esos vasos también se accede con la pajita, pero es distinto. Con esa pajita gruesa y dura vas más seguro. Lo dice el refrán: «Con buena pajita, bien se desflora».

Beber con pajita marca el inicio de un romance. Es la única manera que tienen dos enamorados de compartir un batido. Ese momento dice mucho de lo que será la relación, porque los dos están midiendo cuánto baja el nivel cuando bebe el otro. Yo hago lo siguiente: pido que con el batido me traigan un vaso de agua. Entonces, después de cada sorbo de batido, tomo agua, la retengo en la boca y vuelvo a la pajita para ir rellenando el batido poco a poco. De esta manera, la chica cree que soy comedido y se enamora de mí. Otra opción, si uno tiene mucha prisa por enamorar a la persona que tiene delante, es pedir vodka en vez de agua. Poco a poco la víctima se va emborrachando y así es más fácil que a uno le quieran. Por lo general, cuando uno está borroso está más guapo.

Si se comparte un granizado, la metáfora es más potente. El matrimonio es como el granizado de limón: sólo puede ir a peor. Se acaba cuando ya no queda nada que sorber, y todo el mundo se entera porque es muy ruidoso. Así es el amor: sorbos deliciosos primero y después un bloque de hielo que remueves con una pajita.

Un refresco bebido con pajita, al igual que la sopa, tiene un final ruidoso. Todo el bar sabe si uno ya se ha terminado el granizado. Es así para que el camarero pueda oírlo desde la cocina y venir a ofrecernos otro.

También hay pajitas con mensaje. Dibujan un corazón, una estrella, una palabra... Claro, tiene que ser un mensaje breve. Yo tenía una muy navideña que decía: «Pero mira cómo beben los peces en el río, pero mira cómo beben por ver a Dios nacido. Beben y beben y vuelven a beber los peces en el río por ver a Dios nacer». ¡No había Dios que bebiera con esa pajita!

La pajita larga no es buena idea. Todos hemos intentado juntar varias pajitas para libar de un refresco lejano. Desde un tercer piso, por ejemplo, el refresco de alguien que esté en una terracita. No hay manera. Hay que hacer mucha fuerza y, si en mitad del proceso te rindes, el líquido vuelve a bajar y se lleva consigo parte de tus entrañas. No sería la primera vez que un libador furtivo de refrescos acaba en el hospital. Gran final para un aficionado a los tubitos succionadores de refresco. Los hospitales son el templo de las pajitas. Allí el barman sabe que hay bebidas que entran por los ojos, como la lavativa de tomillo. Usan pajitas para todo: para comer, para beber y para orinar. Comer purés con pajita es aceptable, pero lo de la sonda es demasiado. Te desvirgan como si fueras un vaso de Starbucks, te meten una pajita flexible por donde no cabe y te dejan allí aterrorizado. Menos mal que esa pajita no tiene mensaje. Es el final. Toda la vida hemos sido de los que sorbemos por un tubito y ahí, por primera vez, nosotros somos el recipiente y alguien nos saca el líquido.

¿SABÍAS QUE...?

En el siglo XIV, con la ciencia forense todavía en pañales, era frecuente ser enterrado vivo, ya que enfermedades como la catalepsia eran confundidas con la defunción. Mucha gente, para evitar este mal trago, se hacía enterrar con una pajita para respirar y una campana para avisar en el caso de que los enterraran vivos. Esta práctica se prohibió a finales del siglo XV, ya que muchos muertos tocaban la campana sin estar vivos, sólo para molestar.

LOS DULCES NAVIDEÑOS

Una vez al año no hacen daño

Como cada mes de septiembre, ¡ya es Navidad en El Corte Inglés! Ésa es la muestra más evidente del calentamiento global. Cada año ponen los turrones antes. El año pasado los pusieron en octubre y éste en septiembre... Dentro de ocho años volverán a ponerlos en diciembre, pero no del año en curso, sino del siguiente.

Alguien debería decir la verdad sobre los dulces navideños: no le gustan a nadie. Si estuvieran ricos, los comeríamos todo el año. Las peladillas, por ejemplo... Eso no gusta. ¿Alguien ha visto peladillas en la carta de un restaurante? Nadie comería eso por propia iniciativa. Es el único alimento que se lo das a las palomas y no lo quieren. Mi madre pone un platito el veinte de diciembre y se lo lleva el dos de febrero sin que nadie hay tocado una sola peladilla. Luego las guarda en una caja que tiene el precio en pesetas. Para mí que nos pone las mismas todos los años. Si es así, esas peladillas llevan en la familia más tiempo que yo. Habrán ido pasando de generación a generación, desde los primeros Piedrahita. Si les haces la prueba del carbono catorce, sale que son previas a la Edad de Piedra. Hubo la Edad de los Metales, la Edad de Piedra y, mucho antes, la Edad de la Peladilla. Tú miras los menhires del Paleolítico y eso no son otra cosa que peladillas gigantes puestas de pie.

Los polvorones también se comen una vez al año y ya esa vez me parece jugar al límite. Un polvorón es como meterte en la boca una cucharada sopera de desierto. Al momento tienes la lengua más seca que los talones de Gandhi. Los niños, en lugar de pañales, podrían llevar polvorones con tirantes. El cuerpo tiene un 75 por ciento de agua pero, en cuanto el polvorón cae dentro, eso absorbe, absorbe, absorbe y te deja en un 30 por ciento como mucho. Te tomas dos seguidos y te absorbe a ti mismo hasta que te quedas con el esqueleto envasado al vacío. Está claro que está seco; sin embargo, las abuelas —no me preguntéis por qué—, cada vez que cogen uno, lo exprimen como si fuera a salir zumo de ahí. «Abuela, de ahí no sale nada. Vas a sacar mucho más ordeñando el pomo de una puerta.»

Apretar un polvorón es como prensar arenisca, y es que todos los dulces navideños parecen materiales de construcción. Echas un vistazo a la bandeja: turrones, polvorones, peladillas..., y aquello parece una colección de minerales.

Los turrones... Antes había dos: el duro y el blando, y los dos podrían estar a la venta en Leroy Merlin. El duro era como una placa de mármol y el blando como un ladrillo de adobe. Sin embargo, los turrones sí que han evolucionado. Ahora mismo hay más sabores de turrones que elementos de la tabla periódica: chocolate, chocolate blanco, trufa, pistacho, dulce de leche, coco, piña, Lacasitos, tocinillo, ternera jardinera… La lista de sabores parece inagotable, pero cuando te das cuenta de que es infinita es cuando empiezan a combinarse: chocolate y dulce de leche, pistacho y trufa, cochinillo de cielo… Hay tantos dulces navideños que a veces se repiten y no te das cuenta: el piñoco: mitad piña, mitad coco; o la coquiña: mitad coco, mitad piña.

Los dulces navideños suelen llegar a nuestra casa como Moisés, dentro de una cestita. La cesta de Navidad de la empresa es el caballo de Troya de los turrones, los mazapanes, los roscos de vino, la botella de anís de Marie Brizard… La verdad, yo no sé para qué te regalan anís en el trabajo, si eso no se bebe hasta que uno está jubilado. Claro, cuarenta años después el anís ha fermentado y eso pega unos pelotazos que te deja las pestañas blancas.

Hay alimentos navideños que son sólo para un día, como las uvas de Nochevieja. Las doce de la noche son el único momento del año en el que uno se come doce uvas en doce segundos. Sanidad recomienda comer cinco piezas de fruta al día. En Nochevieja te tomas doce y eso no parece ser muy sano. Yo he visto a mi madre echar mosto por la nariz. Te tragas las pepitas, los tallos, la piel… y luego, con la boca llena de compota, te vas a besar a la familia. Todos abrazados, contentos, alegres, pringosos… No es que la familia esté unida: es que no se puede despegar.

Otro dulce navideño que tiene su día asignado es el roscón de Reyes. En Nochevieja no te comes una rosca, pero en Reyes se come el roscón, con esa crujiente costra de azúcar tumbadiabéticos, ese delicioso relleno de nata revientavesículas y esa sorpresa escondida que no serías el primero que se la traga y se asfixia. Luego a ver cómo lo dices a los amigos.

—Murió asfixiado por sorpresa.

—¿Asesinato?

—No, roscón de Reyes.

El roscón es delicioso, pero la parte más sana es el agujero. Es la que menos engorda y la más fácil de repartir. Estos últimos años, nosotros ya sólo compramos el agujero; lo malo es que, una vez que te lo comes, pasas a tener un agujero en el estómago. Los Reyes ya no son lo que eran. El otro día le pregunté a mi sobrino:

—Lucas, ¿tú qué vas a querer que te traigan los Reyes?

—Yo me conformo con que no se lleven nada.

¿SABÍAS QUE...?

Hay muchas leyendas sobre el origen del mazapán. Una de ellas sitúa la invención del dulce en Toledo. Por lo visto, cuando la ciudad estaba sitiada por los árabes, las monjas del convento de San Clemente trataron de paliar el hambre cocinando una pasta muy dulce a partir de los únicos ingredientes que tenían: azúcar y almendras. Esa pasta, elaborada por las monjas a golpe de maza y cocida en el horno, sirvió de sustento al pueblo. De tanto decir «pan de maza» se acabó acuñando la palabra *mazapán*. Pero si eso fuera cierto, de tanto decir «monja, monja, monja» habrían tenido jamón, que eso sí que está rico en cualquier fecha del año.

PSEUDOQUESOS

¿Qué es eso? Eso es queso

Burgos es tierra de contrastes. Han inventado la cosa más sabrosa y que más engorda del mundo, que es la morcilla de Burgos, y a la vez una de las que más adelgazan y que menos sabor tienen del planeta, que es el queso de Burgos. ¿Cómo es posible? Para empezar, me cuesta entender el proceso creativo para llegar a la morcilla. Ese señor que un día se levanta y dice:

—Amigos, tengo una idea. Voy a coger sangre cruda, la voy a mezclar con arroz y cebolla, la voy a envolver con pellejo, voy a dejar que se pudra un poco y luego lo voy a freír.

Y todos:

—¡Ánimo, seguro que está buenísimo! ¡El aspecto no puede ser más apetecible!

El queso es otra cosa. El queso es una de las maneras más elegantes que tiene la leche de pudrirse. Ojalá nosotros nos pudriéramos así de bien. Sería fantástico, porque en nuestro funeral podrían servirse taquitos de nosotros mismos.

—Era más bueno que el pan. Mmmmm...

—Se fumaba dos cajetillas al día, pero eso le ha dejado un toque ahumado estupendo. Qué lástima que ya nos haya dejado... Ñam, ñam... Mmmm...

Ese día, todo piropos. Pero al día siguiente, en el cuarto de baño, vuelves a tener noticias de él:

—Abre las ventanas, que parece que el tío Ramón no se va a ir nunca.

—Enciende una cerillita, anda, que sabes que a él le gustaba mucho fumar.

El queso huele fuerte porque está muerto. De hecho, ha muerto después de estar enfermo: por eso durante un tiempo se le llama queso curado. Los quesos que no huelen es porque nunca han estado vivos. No son quesos, son pseudoquesos. Los tranchetes, por ejemplo. Eso huele como el sobaco de la Barbie.

Un tranchete es como un post-it. Es cuadrado, es amarillo y es adhesivo. Yo, cuando quiero dejar un recado, lo apunto en un tranchete y lo pego en la nevera, que eso no se despega nunca. Es más, yo diría que los post-its y los tranchetes saben igual. El post-it es un poco más sano porque al ser celulosa tiene más fibra.

Una propiedad poco explotada del tranchete es que es un lugar estupendo para dejar huellas dactilares. La policía debería utilizarlo para lo de los DNI. Nada de escáner, que eso da fallos. Mucho mejor:

—Ponga usted el dedo encima de este tranchete y firme aquí debajo.

Eso es infalible. Cuando hubiese un crimen, sólo

habría que llamar a tranchetística para cotejar las huellas del puñal con las de los tranchetes. Y en las series tipo «CSI» habría un comisario amargado pero con puntos de humor que, al final de un episodio, diría mirando al horizonte: «El asesino cometió un error...: nos la quiso dar con queso». Sería muy celebrado.

Otra de las virtudes del tranchete es la de ser un estupendo posavasos. Ojo, no sirve para bebidas calientes. No, porque levantas la taza y es como si la hubieras dejado encima de un chicle. Ése es el gran superpoder del tranchete: que con el calor se achicla. Por cierto, en el paquete deberían indicar el índice de elasticidad. Le pegas un bocado a un sándwich mixto tostadito, empiezas a estirar y los brazos se te quedan cortos... A veces hay que comerse el sándwich entre dos personas. Uno muerde y el otro se aleja. Yo he visto gente que ha llegado a hacer *trancheting*. Consiste en morder el sándwich, dárselo al monitor que está en la cocina y saltar por el balcón para llegar al suelo sin que se rompan los hilos de queso.

Cuando tomamos queso en lonchas fundido hay que dejarlo enfriar. A veces mordemos una pizza que está a la misma temperatura que el magma y el cielo del paladar se convierte en un infierno. El ser humano es el único animal de la Creación que, cuando se está abrasando la boca, en lugar de escupir, traga; en lugar de echar *pafuera*, mete *padentro*. La gente está empezando a ponerse paladares de platino.

Un tranchete sirve para muchas cosas y no creo que comerlo sea la mejor de todas. Es ideal para tapar una herida de bala. Corta la hemorragia y te diría que hasta cauteriza la herida. Sirve para poner coderas en una americana, para sustituir un azulejo del cuarto de baño... Incluso si pinchas un neumático puedes arreglarlo con un tranchete. Comérselo es una pena.

Uno de los momentos más tristes en la vida de un hombre es comer tranchetes en soledad. Ir a la nevera por la noche, sacar un par de lonchas y comértelas así, sin cubiertos, ni plato, ni nada. Ese momento de «Ya me da igual todo» contrasta con la alegría que puede suponer un quesito El Caserío o La Vaca que Ríe. Los quesitos en porciones huelen igual que los tranchetes, a nada, pero son triangulares y de color blanco reflectante. Por la noche se ven a quinientos metros. Yo llevo dos en el coche. Si un día tengo un reventón, pongo un quesito de El Caserío delante y otro detrás y arreglo el pinchazo con el tranchete.

En el sitio de la rueda de repuesto se puede llevar una caja de quesitos. Esa caja redonda de cartón que se abre tirando de un hilo rojo que tiene alrededor. Abres la cajita y ves los triangulitos como fichas del Trivial Pursuit. Es ideal para ir a la playa: con el papel de tres quesitos El Caserío y el hilo de la caja te haces un biquini de emergencia.

Quitarle el envoltorio a un quesito de éstos no es fácil. Lo llevan pegado, como un traje de buceo. De hecho, cuando lo abres, el pobre quesito tiene todas las marcas del papel, como cuando te quedan las marcas de la sábana en la cara.

Un consejo: si no hay tranchetes, no te hagas el sándwich con quesitos de El Caserío, que eso no hay quien lo digiera. Cae pesado. Yo me hice uno en mi adolescencia y aún no lo he digerido del todo.

¿SABÍAS QUE...?

En España se consumen 8 kilos de queso por persona al año. Sabiendo que la población de España es de 47.270.456 habitantes, se consumen 378.163 toneladas de queso al año. Sabiendo que la Luna pesa $7{,}3477 \times 10^{22}$ kg, deducimos que, si fuera de queso, entre todos los españoles tardaríamos, eón arriba, eón abajo, 194,3 billones de años (194.299.479.573.457 años) en comérnosla. El universo tiene una edad estimada de 13.798 millones de años. Es decir, apenas ha transcurrido un 0,007 % del tiempo que necesitaríamos para ello. Por eso sigue ahí.

EL ZUMO DE NARANJA

El zumo pontífice

¿Qué pasa con el zumo de naranja, que en un bar te lo cobran a precio de barril de Brent? Ni que hubiera que ir a cazar las naranjas con una red. ¡4,75 euros el zumo! Tío, que hay que exprimir una naranja, no un tigre.

Y además ni siquiera la exprime el del bar. Lo hace una máquina gigante y despiadada, con toboganes y cuchillas... Vaya concepto: toboganes y cuchillas. Es como un Disneyland diseñado por Herodes. No se me ocurre una forma más cruel de matar a una naranja. La pobre se hace ilusiones.

—¡Hala! ¡Un tobogán! ¡Yupiii!

Chof.

Los niños pelirrojos gorditos, después de ver cómo funciona una máquina Zumex, no vuelven a subirse a un tobogán jamás.

El zumo de naranja es muy sano porque las naranjas son muy sanas. Son las aspirinas de la naturaleza. Son redondas, como las aspirinas; tienen vitamina C, como las aspirinas; y son fantásticas para cuando a tu pareja le duele la cabeza. Sí, porque ella coge una aspirina y se la toma, y tú coges una naranja y te la pelas.

El zumo de naranja es imprescindible para el desarrollo de la raza humana, pero a ese precio..., ¿qué vas a hacer? ¿Exprimirlo tú en tu casa? Pues sí. Para esto hay dos opciones, dos tipos de exprimidores caseros: el manual y el eléctrico.

El exprimidor manual es una especie de flan de plástico, inerte, pasivo y con una bandejita plato debajo... Es un timo, porque todo el esfuerzo de exprimir la naranja lo haces tú. Él no hace nada: él está ahí en plan liberado sindical. Si esa misma energía la dedicas a exprimir la naranja contra el pomo de una puerta, sacas la misma cantidad de zumo. No hay diferencia apreciable entre usar el exprimidor o aplastar la naranja contra la cabeza de una cabra, una boca de riego, la porra de un guardia o un pecho de la Venus de Milo.

El exprimidor eléctrico, en cambio, sí que es un avance. Es eficaz exprimiendo la naranja y además da gustito. Esa protuberancia giratoria que hace ñeeee te masajea la palma de la mano. De hecho, hay gente que se vicia y se queda más tiempo del necesario. Te quedas como en trance. Ñeeeeeeee... Hay personas que se despistan y llegan a borrárseles las rayas de la mano.

¿Hasta cuándo se puede exprimir una naranja? La ONU debería tomar cartas en el asunto. Yo he visto gente que deja la piel de la naranja más finita que la placenta de un hámster.

La gente pasa ahí más tiempo del necesario porque creen que el zumero eléctrico no se cansa. Mentira. Sí se cansa, sí. Eso exprime hacia la izquierda —ñeeeeeee— y, cuando ya no puedes más, ñiiiiiii, cambia de dirección y exprime hacia la derecha. Ñeeeeeee... Es como el sistema electoral español. Te exprimen por la izquierda y cuando ya no puedes más te exprimen por la derecha.

Luego está el zumo de bote, con su etiqueta «Zumo de naranja cien por cien natural». ¡Qué huevos!

El que diga que eso sabe a naranja natural es que no ha probado una naranja en su vida. Eso sabe a mueble de madera recién pintado, y el que diga que no es que no ha probado un mueble de madera recién pintado en su vida. El zumo de bote no lo hacen con naranjas de zumo, ni siquiera con naranjas de mesa... Lo hacen con mesas directamente. Lo miras a la luz y tiene unos posos en el fondo, una especie de arena. Ese zumo no tiene pulpa: tiene serrín.

Y si seguimos descendiendo en el averno de las bebidas de naranja, allí abajo del todo está el Tang. El Tang era la bebida comercial más parecida al veneno. Aquello era colorante puro: de hecho lo vendían dentro de unos sobrecitos de metal, como los cartuchos de la impresora. Era tan químico que si te bebías un litro entero meabas Frenadol. La gente no lo sabe pero, etimológicamente, *Tang* viene de Satán. Y todas esas personas que cobran el zumo de naranja a 4,75 euros en un bar, u 8,50 si se trata de un bar del aeropuerto, tendrán ocasión de comprobarlo cuando vayan al infierno y el demonio les pregunte:

—Y usted, ¿por qué está aquí?

—Pues por vender zumo de naranja a precio de barril de Brent.

¿SABÍAS QUE...?

Un barril de Brent contiene 159 litros de crudo y su precio ronda los 100 dólares. De un barril salen 596 vasos, más o menos, con un precio de 0,1677 dólares cada uno. Eso quiere decir que el comentario de que el zumo de naranja es caro porque lo venden a precio de barril de Brent es una falacia. Ya nos gustaría...

PERO QUIZÁ NO SUPIERAS QUE...

En 1989, el artista francés Philippe Starck diseñó el icónico exprimidor Juicy Salif con forma de cohete, un hito del diseño industrial, que comercializa la marca Alessi por unos 56 euros. Parece caro, pero con lo que cuestan seis zumos de naranja en la cafetería del aeropuerto te lo pillas.

LAS LATAS DE CONSERVA

Alimentos que alcanzan la vida eterna

En todos los hogares hay alguna lata de atún con el precio todavía en pesetas. Como no caducan, uno las va dejando, las va dejando... Hay latas que sobreviven a sus propios dueños. La gente fallece, sus yogures caducan, sus flores se marchitan, pero sus latas permanecen. ¿Quién aprovecha esas latas? Deberíamos ponerlas en el testamento. «Lego a mi sobrino Pablito la casa de la montaña y el usufructo de dos latas de melocotón en almíbar que me han acompañado durante toda mi vida.» No lo hacemos porque habría unas peleas tremendas. Unos heredan las latas, otros el abrelatas y esa familia está rota ya para siempre.

La lata se inventó mucho antes que el abrelatas. Es raro, ya lo sé. Es como si las sillas se hubieran inventado antes que los culos. Pero es así: el abrelatas no se inventó hasta más de cuarenta años después. Fueron tiempos difíciles:

—Mamá, ¿han inventado ya el abrelatas?

—Todavía no, hijo. Así que mastica bien las anchoas antes de tragar.

Hubiera sido peor al revés, que se hubiera inventado primero el abrelatas. Nadie sabría si eso era para abrir puertas, nueces o grifos. Habría que ir probando. Intentar abrir un yogur, un jamón, un señor durmiendo... Hasta que un día alguien decidiera construir una armadura de metal alrededor de unos mejillones para que al fin el abrelatas tuviera sentido.

El primero que se inventó era perfecto. Ese abrelatas plano, en 2D, que tiene una aletilla de tiburón con una bisagra y puede abrir todas las latas del mundo, incluido el Opel Kadett. Sencillo y elegante. Podías llevarlo en la billetera, en el escote o incluso viajar por el mundo con uno entre las nalgas. Era un diseño insuperable y todo intento por mejorarlo ha sido un fracaso. Esos abrelatas que tiene una manivela y una ruedecita cortante no han funcionado jamás. Esas ruedecillas untadas con una especie de grasa negra como legañas de orco. Lo triste es que la ruedecilla lo intenta, pero no puede porque patina: la pobre resbala como Bambi en el hielo. Tardas menos lamiendo la lata hasta que se disuelva.

Según su sistema de apertura, hay dos tipos de latas. Están las latas que se abren con abrelatas, que una vez abiertas quedan con unos dientes de sierra más afilados que el cuchillo del pan. Y luego están las latas modelo paracaídas, que se abren tirando de una anilla. Ésas, según vas abriendo, sacan una tapa filosa como un bisturí. Una con dientes de sierra y la otra afilada como un cuchillo jamonero. Con las dos te podrías hacer un bocata estupendo. Con la primera cortas el pan y con la segunda unas lonchitas de jamón. Pero ¿quién abriría una lata de nada teniendo pan y jamón?

¿Qué alimentos son los que tienen derecho a ser enlatados? ¿Qué ha de tener un alimento para poder alcanzar la vida eterna? ¿Ha de ser limpio de corazón, como las alcachofas? Lo dice la Biblia: «Bienaventurados los limpios de corazón, porque ellos alcanzarán la vida eterna». Han de ser de condición humilde. Los mejillones sí, pero las ostras, por ejemplo, no; los berberechos sí, pero los langostinos no; los callos a la madrileña sí, pero la lubina a la espalda no. Sólo alimentos humildes. Esa lata de callos a la madrileña, que la abres, la vuelcas sobre un plato y es como hacer un flan de arena en la playa... Quedan los callos con la forma de la lata. Los callos de lata son humildes, pero también son como el Terminator malo: pueden adoptar cualquier forma.

Enlatamos aquello que nadie se comería como primera opción: sardinilla picantona, bonito en escabeche, calamares en salsa americana, pelotas de tenis... Uno sólo abre una lata de sardinas cuando está muy desesperado. Esos domingos que buscas entre los cojines del sofá alguna pipa reseca, un quico blando, unas migas de algo... Esos días que te harías un caldito hirviendo unas toallas usadas... Que ya no sabes cómo engañar al apetito. Yo me meto bolas de papel de periódico en el estómago para que haga relleno, como hacen con los zapatos y los bolsos de señora. Tienes tanta hambre que te comerías a un guardia civil a besos. Vas con la mirada borrosa, tembloroso... y agarras un abrelatas. Craso error. No estás en condiciones de trepanar metal con un objeto punzante. Coger un abrelatas en esas condiciones es peor que torear borracho. Deberían poner un cartel que dijera: «Abrir latas perjudica seriamente la salud». No serías el primero que se corta el dedo, sale corriendo al hospital y, con el apuro, le implantan un espárrago de Navarra. Qué disgusto, ¿no? ¿Luego cómo juegas a la Play? Pues imagínate el pobre que se ha quedado en casa comiéndose un pulgar con mayonesa, con la de colesterol que tiene eso.

Todos los alimentos que vienen en lata, desde la comida de Chewbacca hasta la sensual sardinilla picantona, saben que son una segunda opción. Eso es desesperante porque sólo les queda esperar. Esperar al menos a que aparezca alguien lo suficientemente desesperado como para abrir una lata. Las personas como yo sabemos lo duro que es eso: sabemos que solamente podremos aspirar a amar a una persona tan desesperada como para amar a alguien como nosotros.

¿SABÍAS QUE...?

Las latas de conserva se inventaron en 1811, pero los abrelatas no se inventaron hasta 1855. Hasta ese momento, el ejército inglés tenía que abrir las latas de mayonesa con la bayoneta y las de bayonesa con la mayoneta.

EL MUEBLE BAR

El botiquín del alma

La gente hace cosas bajo los efectos del alcohol de las que luego se arrepiente. Gente que primero bebe mucho y después... mea culpa. Lo llevamos en la sangre. España es un país que necesita un puntito etílico para empezar la noche y un coma etílico para terminarla.

Sólo hay un alcohol bueno: el que no se bebe nunca. En todas las casas hay una reserva de bebidas alcohólicas que no se beben jamás y que están ahí «por si acaso un día...». Una botella de Cointreau, otra de anís, otra de licor de hierbas, otra de crema irlandesa, un culo de tequila... Todo eso está ahí por si acaso un día... ¿qué? ¿Por si acaso un día se va el agua y hay que lavarse los dientes con peppermint? Es mucho alcohol. Debe de ser por si acaso un día hay que amputar miembros gangrenados sin anestesia. Son cinco o seis botellas de licor del duro, a las que cogemos cariño y que nos acompañarán el resto de nuestras vidas.

La pregunta es...: ¿cómo llegó eso a nuestro hogar?

Hay varias vías de entrada. La primera es una fiesta en el piso, lo que pasa es que uno ya no la recuerda..., al igual que todo lo que sucedió esa noche. Preguntadles a vuestros padres cómo llegó esa botella de tequila al mueble bar, veréis cómo se les pone el relojito de Windows en la mirada y dicen: «Yo creo que eso siempre ha estado ahí».

Nadie recuerda lo que sucedió esa noche. A la mañana siguiente, amaneces en un piso con el suelo pegajoso, con dolor de cabeza y un montón de botellas. Lo coges todo, lo metes en un armario y así es como nace un mueble bar.

Todas las casas tienen uno. Las casas de abuela, por ejemplo, tienen un mueble bar con un olor muy característico. Ese olor como a licor de leña, teatro viejo y chocolate. Ese olor solemne y penetrante, como a colonia y ojete. Ese olor emborracha más que cualquier licor. Abres la puerta, inhalas y pillas una cogorza terrible con resaca de dos días, ampliable a tres. Otro rasgo propio del mueble bar es el espejo dentro para que parezca que hay más botellas. La verdad es que, entre el olor que sale de ahí al abrir la puerta y lo de ver doble al asomarte, ya no hace falta beber. Yo creo que el espejo es una medida de seguridad. Es para que cada vez que abres la puerta veas si eres tú el que coge las botellas o es otro. Otra medida de seguridad igual de seria es la cerradura con la llave siempre puesta. ¿Qué tipo de medida de seguridad es ésa? Eso sólo restringe el acceso a criaturas que no tengan manos: peces, plantas, anguilas, libélulas, jilgueros... En cuanto llega un humano —de hecho, *humano* viene de *mano*—, o un mono —que *mono* también viene de *mano*—, se acabó el misterio.

Todas las casas tienen mueble bar. Hasta la casa de Dios tiene uno: el sagrario. Un armarito cerrado, con la llave puesta, con copas, vino y un espejo dentro. ¡Eso es un mueble bar lo mires por donde lo mires!

Otra opción para tener las bebidas es el carrito botellero, que es como un cochecito de bebé pero con botellas. No tiene llave porque si la tuviera parecería el contacto del coche y no tendría sentido conducir bebiendo. Imagino al hijo mayor haciéndole un puente para llevárselo de botellón. Nada de eso. El carrito está inmóvil en el rincón del salón. La verdad, no sé para qué tiene ruedas, porque eso se mueve menos que el reloj biológico de Papá Noel. Si intentas moverlo, tiene ese quejido campanil, cristalino y melancohólico, «clin, clin, clin...», que es el llanto de las botellas que saben que nadie las va a beber jamás. Son como polluelos en el nido, con el cuello estirado, diciendo: «Cógeme a mí, cógeme a mí...».

Otra manera que tienen esas botellas de entrar en casa es vía cesta de Navidad. La botella de anís Marie Brizard, por ejemplo, se cuela en casa así, con unos turrones, una lata de berberechos y una caña de lomo. Te lo comes todo, pero el anís no, porque aún no estás en la edad. Hay una papila gustativa que es la encargada de que nos gusten los caramelos de miel, las pastillas de café con leche y el anís, que no se despierta hasta cumplir los sesenta y cinco. Por eso la gente se lo guarda para cuando se jubila. El problema es que para entonces el anís ya ha fermentado durante cuarenta años y eso pega unos pelotazos a las abuelas que las deja con las cejas para arriba como si fueran Goku.

El resto de las botellas entran en casa gracias a esa fiebre que ataca a todos los hombres alguna vez de querer aprender a hacer cócteles. Ese día compras botellas que no habías visto jamás: Cointreau, angostura, granadina, licor de membrillo... Has estado en Cancún con la pulserita y ahora te crees capaz de elaborar tus propios cócteles. No sabes hacerte una manzanilla, te vas a poner a hacer cócteles...

Allí se quedan esas botellas, en el armarito, en el carrito o en el mueble bar, clinclineando cada vez que nos acercamos, como un perrillo al que se le acerca su dueño. Nos acompañan toda la vida esperando que llegue ese día en que puedan regalar su contenido. Pero ese día no llega. Nosotros nos iremos y esas botellas de Cointreau, de anís y de crema irlandesa quedarán. El eco de su quejido lastimero se olvidará y ellas seguirán en silencio esperando una fiesta que no va a celebrarse. La verdad, yo siempre quise que me incineraran, pero creo que mejor voy a pedir que me flambeen.

¿SABÍAS QUE...?

Marie Brizard era una mujer de Burdeos que, en 1755, se encontró con un marinero antillano aquejado de una gran fiebre. Según cuentan, la señora Brizard lo curó y lo salvó. En agradecimiento, el marino le transmitió su único tesoro: la receta de un licor de anís extremadamente fresco y perfumado. El altruismo de la señora Brizard fue recompensado y, hoy en día, la compañía que Marie Brizard fundó con su sobrino comercializa al año doscientos treinta millones de botellas en más de ciento veinte países. Y así la fiebre de un solo antillano derivó en dolor de cabeza para todo el planeta.

LA CONDICIÓN HUMANA

*****

LAS AMÍGDALAS

Las amígdalas de mis amígdalas son mis amígdalas

Las amígdalas son extensiones de tejido linfoide o, lo que es lo mismo, extensiones de tejido linfoide. Sabemos poco de las amígdalas. Sabemos que, si te las quitan, tienes que comer helado para que cicatrice y baje la inflamación. Por esa regla de tres, cuando te operan de hemorroides deberían recetarte supositorios de hielo.

Las amígdalas están ahí para defendernos de la podredumbre que entra en el organismo a través de nuestra boca. Conozco gente que debería extirparse las amígdalas y ponérselas al revés para proteger a los demás de lo que sale de sus bocas. No son esenciales. La gente se las extirpa y punto. Hay partes del cuerpo que tienen esa función, la función de no tener ninguna función: las amígdalas, el apéndice, las muelas del juicio... ¿Y la campanilla? ¿Eso para qué sirve? ¿Es para que las amígdalas practiquen boxeo? Esa península de carne blandita y colgandera, ¿para qué es? Pues por lo visto, la campanilla es el interruptor del vómito. Muy mal tienen que estar las cosas para que la manera de arreglarlo sea vomitando, pero se han dado casos. La campanilla es como el botón de reseteo del estómago. Tú le das y se te reinicia el organismo. Estás en Nochevieja, te tomas una copa de esas de líquido de frenos con Coca-Cola, te da el estómago una vuelta de campana, crees que no vas a acabar el año, pero le das al botón de reseteo y es como salir y volver a entrar.

La gente en verano se quita cosas: abrigos, kilos, años...; yo me quité las amígdalas. Viajé a La Coruña, me las extirparon y le pedí al cirujano que me las guardara en un botecito. Allí estaban las dos, más rojitas que las cerezas de un Manhattan. Les di una vuelta por la ciudad, las presenté a mis amigos, comimos marisco... Imagínate qué tensión, comerse una tapita de vieiras con dos amígdalas al borde del plato... ¡Turismo gastronómico y de aventura, a la vez!

Las amígdalas y yo pasamos unos días estupendos en La Coruña, pero a la vuelta, en el aeropuerto, no me las dejaron pasar por el control de seguridad. Juro por todas las glándulas de mi cuerpo que esto es verdad. Me dijo el señor que las tenía que facturar. Es curioso: puedes pasar el control de seguridad con las amígdalas en la boca y nadie te dice nada, pero en un botecito es ilegal. ¿Por qué? ¿Están prohibidos los botecitos? No. ¿Están las amígdalas prohibidas? Tampoco. Sin embargo, un botecito con amígdalas es una amenaza terrorista del nivel de una ballesta, un fusil de asalto o una catapulta. El de seguridad me dijo que si quería pasar con las amígdalas tenía que llevarlas dentro del cuerpo. Si os pasa alguna vez, lo mejor es tragártelas con un poco de agua, viajar con ellas dentro y recuperarlas veinticuatro horas después.

En sociedad, las vísceras y la camisa hay que llevarlas por dentro. Tú puedes presentarte en la ópera cubierto de pieles, collares de dientes de tiburón y pelucas de pelo de mosca natural, y no pasa nada, pero como vayas cubierto de vísceras frescas y todavía palpitantes se monta un recristo. Las vísceras sólo son bien vistas dentro del cuerpo o en un plato, con patatitas y ensalada; y, paradójicamente, los pelos, las moscas, las pieles y los dientes donde están mal vistos es en los platos.

Una vez en casa tenía que recuperar mis amígdalas. Me metí en el cuarto de baño, pero hubo un problema, algo que nadie podía prever. Se conoce que las dos vieron la luz al final del túnel, se pusieron nerviosas, intentaron salir a la vez y se atascaron. Se quedaron las dos amígdalas asomaditas... pero sin poder salir. No había manera. Las pobres, atascadas como dos Papás Noeles en la misma chimenea, no iban ni *patrás* ni *palante*, ni *padentro* ni *pafuera*. Yo me asusté, claro. «A ver si me voy a quedar taponado y voy a explotar.» Total, que me fui al médico. Llego allí y me dice: «Inclínese». Me inclino, el hombre ve esa pareja de amígdalas asomadizas y me dice:

—Amigo, me temo que hay que operar.

—Vaya por Dios. ¿Y después podré tomar helados?

—Sí, pero sólo Calippos.

¿SABÍAS QUE...?

Mucha gente desconoce el dato de que las amígdalas humanas pueden llegar a pesar hasta siete kilos. La gente desconoce ese dato porque es completamente falso.

LAS AXILAS

Las bisagras de los brazos

Los bebés deberían tener asa. Coger uno es más difícil que agarrar un manojo de pulpos: se escurre por todas partes. Se nota que Dios nunca tuvo que coger un bebé. Al menos son pegajosos. Yo, cada vez que tengo que agarrar uno, me lo pego a la solapa y lo dejo ahí como si fuera una pegatina del Domund. Lo más parecido a un asa que nos ha dado Dios son las axilas. Al niño lo agarras de las axilas y lo metes en la cuna, lo subes al tiovivo, lo lanzas al volcán de sacrificio... Lo que pasa es que eso sólo se puede usar durante la niñez; cuando llega la adolescencia, esa zona es mejor no tocarla. Las axilas de un bebé son inofensivas como una pistola de miga de pan, pero cuando el bebé cumple dieciocho añitos algo pasa, las glándulas se enfurecen y aquello es un arma de destrucción masiva. A partir de la adolescencia, eso empieza a estar engrasado a base de bien. Una axila adolescente es capaz de enrarecer veinte metros cúbicos de aire. La habitación de un púber de éstos tiene el aire tan espeso que lo podrías untar en pan. Yo tengo un sobrino de diecisiete años que se queja porque en su habitación el wifi va más lento. Normal: si es que las ondas no quieren entrar. El oxígeno allí no es O_2, es «¡Oh, Dios!».

En el mundo de la axila está todo por descubrir. Deberían inventar ya las plantillas Devor-Olor para sobaco adolescente, eso sería un éxito; y, ya puestos, algo que evitara esa especie de rodetillos que humedecen las camisas, que parece que se han meado los sobacos. Es necesario algo para luchar contra eso. He visto a gente con potencia sobaquil como para marcar un traje de neopreno. ¿Para cuándo la compresa de axila o sobacompresa? Mientras tanto, la mejor opción seguirá siendo ponerse dos cobayas pegadas con celo.

Al ser humano no hay por dónde cogerlo si no es por las axilas; sin embargo, sabemos muy poco de ese tema. Desde las borrosas axilas de los colibrís hasta los generosos pulpos donde ocho brazos comparten una misma axila, el ser humano nunca ha querido prestar atención a este tema. Siempre miramos a otro lado cuando se trata de ese asidero humano llamado sobaco, metáfora de nuestra existencia.

Muchas veces nos sentimos solos y atrapados como pelillo en desodorante roll-on de tonadillera. Ese pelillo incrustado en el desodorante de barra que parece un autógrafo. La verdad es que no le pasa a todo el mundo. A Cristiano Ronaldo, por ejemplo, que tiene las axilas depiladas como un delfín: a ése no le pasará nunca. Sin embargo, Luis Figo... Ahí yo me imagino pelillos atrapados. El desodorante de Figo o el del Puma seguro que se parecen bastante a un pincel, una brocha de afeitar o una escobilla. No quiero pensar cómo estará el roll-on de Espinete. Yo creo que no existe, que se le ha quedado pegado debajo de la axila y por eso nunca levantaba el brazo izquierdo. Nadie ha querido pensar nunca en las axilas de Espinete. Un erizo rosa de ese tamaño seguro que tenía que hacer pelotillas en la zona de la sisa. Unos golondrinos rosas como balones de baloncesto que no los quitas ni con cirugía.

Las axilas tristes lloran golondrinos, lágrimas que se quedan atrapadas en el vello. ¡Qué bello! Que se van, pero acaban volviendo. Ya lo dijo el poeta:

Volverán los oscuros golondrinos
en tu axila sus bultos a colgar,
y otra vez, con el ala levantada,
todos los verán.
Pero aquellos que el vello refrenaban
tu hermosura y mi dicha al contemplar;
aquellos golondrinos cual balones,
ésos... ¡no volverán!

Las axilas están ahí para lo bueno y para lo malo. Nunca para lo regular. Una persona que levanta los brazos suele estar muy contenta o huyendo de un terror espantoso. No hay término medio. Mostramos las axilas cuando sabemos la respuesta a la pregunta del profesor, cuando nuestro equipo mete un gol o cuando levantamos la Copa de Europa, pero también cuando escapamos de una casa embrujada, cuando nos arde el pelo o cuando nos persiguen las abejas.

Las axilas están ahí en nuestros momentos de dicha y de flaqueza. Sirven para ponernos los termómetros cuando estamos malitos. Sirven para que nos hagan cosquillas cuando estamos tristes y sirven para andar con muletas cuando nos fallan las piernas. Andar con muletas sin axilas sería tan imposible como llevar gafas sin orejas. Hasta Jesucristo, siempre con los débiles, murió enseñándonos las axilas. Unas axilas blancas como palomas y limpias de golondrinos.

¿SABÍAS QUE...?

La compañía Hainan Airlines, que es la cuarta aerolínea más importante de China, exige a los nuevos pilotos que se incorporan a la empresa que dispongan de su título de piloto, dominio del inglés, ¡y axilas inodoras! La empresa considera que ningún pasajero querrá oler las axilas de los pilotos. Para olfatear a los noventa candidatos, se contrató a unos inspectores cuyo trabajo ha sido olfatear sobaco de piloto. Me pregunto cuál de los dos empleos estará mejor pagado...

EL ESTORNUDO Y EL HIPO

Tan diferentes y a la vez tan distintos

En algunos países, debido a los recortes en cultura y sanidad, la gente ya no sabe distinguir el hipo de los estornudos. Cuando se acatarran no saben si estornudar o hipar; y claro, los cuidadores no saben si darles un susto o un Frenadol. Lo más eficaz es darles un Frenadol y luego decir cuánto ha costado: así también se les quita el hipo.

Para estornudar hay que poner cara de cantaor flamenco en pausa. Cuando veas que alguien hace eso, huye sin mirar atrás. Coge una moto y escapa de ese núcleo urbano a 50 km/h, luego a 90 km/h en carretera comarcal y a 120 km/h en autopista.

Recuerdo una boda en la que el novio estornudó con tanta pasión que la novia ganó un concurso de Miss Camiseta Mojada. Hasta el Cristo puso la cara para un lado. Mi consejo: hay que estar atento a las señales.

¿Cuánto tiempo puede estar el estornudador con la cara en pausa? Dos minutos, por ejemplo, sería demasiado. Se levanta una expectativa que luego es muy difícil satisfacer:

—Espera, espera, espera... Que va a hacer algo...

—Sí, parece que va a decir un poema...

—No. Yo creo que va a cantar una bulería...

—At... At... At...

—Pues a mí me parece que le va a salir un mandril por la boca.

—¡¡¡¡Atchússsss!!!!

—Bah, prefería lo del mandril.

Si la pausa dura más de dos minutos y medio, yo suelo preguntar, porque a lo mejor no es un estornudo. Puede que se le hayan metido dos garbanzos en la nariz y no los pueda sacar.

El estornudo sale a una velocidad de 140 km/h. El otro día iba conduciendo, estornudé al lado de un radar y me pusieron una multa. Si ves la foto, entiendes por qué a esa parte del coche la llaman salpicadero.

Hay varios tipos de estornudadores. Por un lado están los partidarios de un solo estornudo único y brutal, que parece que se les va a salir el esqueleto por la boca. Si eres de éstos, reza para que no te coincidan nunca un catarro y una diarrea. Luego está el estornudador de repetición, que hace ráfagas y suena como los disparos de pistola con silenciador. Tchis, tchis, tchis... En Sicilia, tierra de gramíneas, es muy difícil diferenciar un ajuste de cuentas de la mafia de un ataque de alergia. Abril y mayo es la peor época. Con la llegada de la primavera, los pajaritos y los alérgicos están que trinan. Los pobres moquean, tosen, estornudan, lloran...; te miran con los ojos rojos, como diciendo: «Mátenme, por favor».

El hipo, en cambio, es algo atemporal y puede lucirse con elegancia en cualquier época del año. Es como arrancar el sistema respiratorio, pero con la marcha puesta: hace un pequeño encabritamiento y se para. Es muy curioso, porque nos pilla de sorpresa incluso a nosotros mismos. ¿Cómo es posible que uno se sorprenda a sí mismo con algo que hace él mismo? Parece que no puede ser, como hacerse cosquillas a uno mismo, asustarse a uno mismo diciéndose «¡Bu!» o concederse una hipoteca a uno mismo. Pues en el hipo es posible. Tiene algo de onanismo y, como dice el refrán, el onanismo bien entendido empieza por uno mismo.

Lo malo del hipo es que todo el mundo tiene una solución para curarlo: beber del revés, comer miga de pan subido a un taburete, aguantar la respiración, respirar dentro de una bolsa, beber un litro de orina hirviendo... Está demostrado: si sigues cualquiera de estos métodos, el hipo desaparecerá en cuestión de minutos; y si no, también.

El método más conocido para quitar el hipo es dar un susto. El problema es que hay gente muy valiente a la que eso no le vale. El pobre Chuck Norris lleva veinticinco años retirado con un ataque de hipo. El hipo pasará a la historia como el primer ente, animal o cosa que ha atacado a Chuck Norris y ha vivido para contarlo. Es mejor que Chuck Norris sufra un ataque de hipo y no el hipo un ataque de Chuck Norris, porque eso sí que no tiene cura.

El problema del hipo es que te imposibilita para según

qué cosas. Hay profesiones en las que no se debería tener hipo, por ejemplo todas aquellas que tengan algo que ver con los ojos: cirujanos oculares, oftalmólogos y proctólogos, por ejemplo, no pueden permitirse esos inesperados espasmos. Un ataque de hipo mientras te hacen una colonoscopia y eso se lo acabas contando a un psicólogo.

Nunca se sabe cuándo se va a sufrir un ataque de hipo. El hipo es de repente, sin señales. De pronto aspiras muy fuerte, así, sin esperarlo, y eso es un peligro. Imagina que pasa un pájaro en ese momento y te lo tragas. En ese caso, lo mejor es provocarse un estornudo esnifando pimienta y, así como entró, el pájaro sale a 140 km/h haciendo saltar todos los radares.

Si algo nos han enseñado Tom y Jerry es que la pimienta sirve para provocar estornudos, y eso es una temeridad. ¿Qué pasa si una persona con hipo estornuda? Explota. Es como un big bang personal. Se han dado casos de terroristas radicales *low cost* que para ahorrarse la dinamita esperan a tener hipo, esnifan pimienta y corren hacia una embajada.

Sin embargo, se puede tener hipo y llevar una vida digna. Eso nos lo enseña cada día una mariposilla que vuela libre entre las flores. La mariposa es un animal que vuela con hipo, de ahí su nombre: mar-hiposa. De vez en cuando aparece una mariposa alérgica al polen que explota en pleno vuelo y da lugar a una especie de pequeño fuego artificial. Esa mariposilla que estornuda, hipa y se despedaza ante nosotros es uno de los espectáculos más bellos de la naturaleza.

¿SABÍAS QUE...?

El hipo está causado por la contracción súbita del diafragma. El aire entra muy rápidamente y las cuerdas vocales se cierran, causando el sonido de hipo. El *Libro Guinness de los récords* registra al granjero americano Charles Osborne como la víctima del ataque de hipo más largo de la historia. Su hipo comenzó cuando tenía veintiocho años, mientras pesaba un cerdo para sacrificarlo, y se prolongó casi sesenta y nueve años, hasta cumplidos los noventa y seis. A causa de su extraño caso, fue invitado en 1980 al programa «¡Esto es increíble!», y también al programa de Johnny Carson en 1983. Entre 1922 y 1990 se calcula que hipó unos cuatrocientos treinta millones de veces. Si le hubieran dado un dólar cada vez que hipó, la declaración de la renta le habría salido a pagar una cantidad de esas que quitan el hipo.

LOS TRAJES

«Llevé traje», un oxímoron elegante

—Disculpe, ¿cuánto cuesta el Seat Ibiza del escaparate?

—Si lo quiere de primera mano, diez mil euros. Si lo quiere usado, veinte mil. Y si quiere que una banda de skins se lo destrocen con unos bates de béisbol, cuarenta mil euros.

—¿Podrían tenerlo destrozado para el jueves?

—Sí.

—Pues destrozado.

Con la ropa pasa exactamente eso. Está de moda la ropa rota: con agujeros, rasgada, deshilachada... Entras en una tienda y sales como si te hubieran cogido en los sanfermines. Lo curioso es que te cobran el metro cuadrado de agujero más caro que el de tela. Cuanto más grande es el roto, más caro te sale. Tiene su lógica: ese valor añadido que supone destruir un producto hay que pagarlo. Pantalón con un agujerito, 70 €; con tres agujeros grandes, 120 €; seis agujeros grandes y una raja, 270 €. Si pides un crédito, te puedes comprar el agujero solo, sin pantalón alrededor ni nada. Hay pantalones que los puedes comprar y tirarlos a la basura nada más llegar a casa.

¿Cómo se hace la ropa rota? ¿La fabrican rota? No creo que haya una máquina capaz de engendrar vaqueros raídos. Imagino que saldrán enteros de la máquina y luego un señor, unas polillas o un tigre furioso los destrozan. A mí me encantaría trabajar de eso. Treinta y seis horas al mes, con catorce pagas. Tiene que ser un trabajo muy relajante. Sólo le veo un problema: un día te agachas a coger algo del suelo, se te raja el pantalón y tienes la sensación de estar perdiendo dinero.

Yo creo que todo ha ido sucediendo gracias a una sabia ingenuidad. En los noventa, uno se compraba unos Levi's 501 en perfecto estado, los usaba hasta que se rompían y los daba a la parroquia. Luego allí la parroquia los entregaba a quien creyera menester, es decir, a los menesterosos. Aquí surge un problema, y es que un pantalón así, un poco roto sin más, no despierta piedad ni lástima ni nada, y hay unos meses en los que el menesteroso puede ver mermados sus ingresos. Esos días se aconseja al menesteroso que se coja vacaciones y descanse de sus menesteres. Poco a poco el pantalón se adecua a las necesidades del menesteroso y este usufructúa la prenda hasta que ya no parezcan unos pantalones. Entonces, veintitantos años después de aquel fatídico abril del 92 en que alguien compró unos Levi's 501 en perfecto estado, el mendigo los lleva otra vez a la fábrica hechos un guiñapo, allí los hierven, les cosen una etiqueta nueva de Levi's, de Custo o de Desigual y te los vuelven a vender a ti por diez veces más de lo que pagaste en los noventa por ese mismo pantalón. Lo dijo Nietzsche: es el eterno retorno.

Además de la ropa rota, también está de moda llevar la camisa abierta, como pidiendo un fonendoscopio. Es un peligro, porque uno se puede acatarrar. Las cajas torácicas son como las cajas de ahorros: en cualquier momento llega un fresco, te congela el tipo y te arruina. Lo mejor es ir de traje. Lo que pasa es que hay hombres a los que les sientan bien y hombres a los que no. Eso es así de toda la vida y no cambia: dura desde el día que naces hasta el día que te mueres. Se detecta cuando el niño hace la primera comunión. Hay niños que parecen Richard Gere en *Oficial y caballero* y hay niños que parecen Luis Aguilé. Y el que parece Luis Aguilé el día de su primera comunión va a parecer Luis Aguilé toda su vida. Mira a Luis Aguilé. No se pareció a Richard Gere en su vida.

Independientemente de que a uno le quede el traje bien o mal, no es recomendable entrar en El Corte Inglés vestido de traje porque todo el mundo empieza a preguntarte cosas. A la puerta, debería haber una señal de prohibido entrar con traje, porque puede dar lugar a situaciones embarazosas.

—Oiga, joven. Disculpe... Estas braguitas..., ¿las habrá en una talla más?

—Verá, señora... Yo no trabajo aquí. De todos modos, para eso es mejor que vaya a la sección de lencería. Esto es deportes..., y esas braguitas por las que pregunta son una tienda de campaña para cuatro personas.

Los trajes son elegantes, pero no son prácticos ni cómodos. Para empezar, las americanas vienen con los bolsillos cosidos. Yo creo que lo hacen para que los políticos no se metan cosas dentro. Aunque si es para eso, mejor sería que fueran vestidos de toreros, que no tienen bolsillos y es más cómodo. Entrar vestido de torero en el Congreso de los Diputados sería interesante. Pero entero, no como Tejero que sólo llevaba el gorro. Yo abogo por la imposición total del traje de torero. Todos a todas horas. Es fantástico para cocinar, hacer deporte, ir a la discoteca y lo mejor de todo: tú entras vestido de torero en El Corte Inglés y nadie te pregunta nada. El traje de luces es de lo más elegante que hay. Es como un chándal... de oro. Una mezcla entre una armadura de caballero andante y unas mallas para hacer pilates. Lo único malo es que aprieta. Yo veo a los pobres toreros ahí embuchados y pienso: «¿Y cómo salen de esos pantalones después?». A mí sólo se me ocurren dos maneras: una es con la rasqueta de la vitrocerámica. Y la otra, torear y torear hasta que te coja el toro. Además, después de la cogida eso se rompe, queda rasgado, agujereado, deshilachado..., y lo único que tienes que hacer es llevarlo a Custo, a Levi's o a Desigual y que le cosan una etiqueta.

LOS CORTAÚÑAS

Podadores de dedos y dedadores de podas

¿Cuál es el lugar adecuado para vender un cortaúñas? ¿Las tiendas de arpas? El arpa se toca con las uñas, pero las uñas no son un instrumento musical..., a no ser que las hinques en las nalgas de una mezzosoprano. ¿Una tienda de artículos de jardinería? Hay uñas que, más que cortarlas, habría que podarlas. ¿Una tienda de herramientas? Porque los cortaúñas tienen esa limita que se saca de lado y que no sirve para nada. Vamos, que con una lima de ésas no te escapas ni de la cárcel del Monopoly. Un cortaúñas es un alicate sietemesino; deberían venderlos en las incubadoras de las ferreterías. Tampoco. Los cortaúñas se venden en los mostradores, al lado de la caja. En el mostrador de las ferreterías, de los supermercados, de las farmacias, de los lavaderos de coches, de las tiendas de arpas... De cualquier cosa, pero siempre al lado de la caja. No me he fijado, pero fijo que en el mostrador de pompas fúnebres también venden cortaúñas por si el muerto resucita, que no arañe la caja.

Principio y fin de todos los cortaúñas de un país es el aeropuerto. ¿Quién no ha vivido esa experiencia subyugante que es el arco de detección de metales de un aeropuerto? Cuando uno se enfrenta a ese lance, va como con miedo. De hecho, vas tan nervioso que te hacen preguntas y respondes cosas que no son. Vas a pasar, suena el cacharro —¡piiii!— y te dice el tío: «Vuelva usted a pasar». Y tú respondes: «Gracias, por favor».

¿Qué es eso de «Gracias, por favor»? Ahí no va «Gracias, por favor». De hecho, «Gracias, por favor» no debería ir en ningún sitio porque no tiene sentido, es una contradicción. Es un oxímoron. ¿Un qué? Un oxímoron. Vaya usted a mirarlo al diccionario, que yo le espero. De verdad, vaya, que yo no sigo hasta que vuelva...

Efectivamente, un oxímoron es la combinación en una misma estructura sintáctica de dos palabras o expresiones de significado opuesto, que originan un nuevo sentido; por ejemplo, «un silencio atronador», «un partido amistoso España-Francia» o incluso «Miss Portugal». Este último oxímoron no es políticamente correcto, ya lo sé, pero es que políticamente y correcto también forman un oxímoron.

Bueno, a lo que íbamos... Estás en el arco de detección de metales y te acaba de pitar el cacharro.

—¿Qué lleva usted ahí?

—Un cortaúñas.

Y no te dejan pasar. No intentes convencerlos de que es un inofensivo adminículo de higiene personal, porque allí no saben lo que significa eso. Me refiero a la palabra *adminículo*. No te dejan pasar con un cortaúñas en un avión, pero yo he visto pasar a señoras... ¡con unas uñas!, que si quisieran podrían destripar al piloto de un zarpazo y comerse sus vísceras todavía calientes antes de que le diera tiempo a gritar.

Es más, hay una señora en el *Libro Guinness de los récords* que tiene unas uñas que le llegan hasta el suelo. Esa mujer ha recorrido el mundo enseñando sus uñas y no las ha facturado. Cada vez que se acerca al mostrador de Iberia y le preguntan si va a facturar, dice que no, que eso es equipaje de mano. Una mujer que ha tenido que renunciar a la ternura, porque, con esas uñas, acaricias a un bebé y lo mondas.

No sólo deberían permitir el acceso a la cabina con cortaúñas, sino que deberían tener algunos disponibles para casos de emergencia. Dios no lo quiera, pero el día de mañana el avión da un frenazo, a esa señora de las uñas se le escapa la mano y puede espetar a dos pasajeros de lado a lado. Pero no. Un cortaúñas en un avión es una amenaza terrorista. Yo no sé si han tenido muchos casos de gente que haya intentado secuestrar aviones con un cortaúñas. No se me ocurre cómo. Esgrimir un cortaúñas en pleno vuelo y gritar:

—¡¡¡Quieto todo el mundo!!! Que no se mueva nadie... o le corto las uñas a la azafata.

La verdad es que, si alguien ha intentado alguna vez

secuestrar un avión con un cortaúñas, habría que dárselo, porque ole sus huevos.

Tú subes al avión y el pobre cortaúñas queda en tierra. En una especie de vitrinita llena de tijeritas, navajitas y cortaúñas. ¿Para qué querrá la policía todo eso? Pues porque les pasan una enjuagada y los surten a los mostradores y líneas de cajas de las ferreterías, farmacias, tiendas de arpas, pompas fúnebres y todos los comercios de España.

¿SABÍAS QUE...?

No todas las uñas crecen al mismo ritmo. Las de los niños crecen más deprisa que las de los adultos. Las de la mano derecha crecen más rápido que las de la mano izquierda. Asimismo, influye la longitud del dedo, pues la uña del dedo corazón crece más que la del pulgar. También crecen más en verano que en invierno. La misma uña tarda en renovarse 116 días en verano y 132 en invierno.

Las uñas crecen a una media de 0,55 milímetros por semana. Parece poco, pero, si Elvis estuviera vivo y nunca se hubiese cortado las uñas desde la fecha oficial de su muerte, andaría por ahí con unas uñas de más de un metro. Las de Jesucristo tendrían algo más de cincuenta y seis metros y medio y sembrarían el pánico.

LOS PROBADORES

En la vida hay que probar de todo

Comprar ropa es humillante para las personas y para la ropa. Primero para la ropa, que tiene que oír cómo la critican.

—Dios, ¡mira qué camisa! Te presentas con ella al festival de la OTI y ganas fijo.

Pero, de repente, ves unos pantalones rosa encía con los que has soñado toda la vida y no encuentras palabras para describir cuánto te gustan:

—Dios, ¡mira qué pantalones! Te presentas sin ellos al festival de la OTI y ganas fijo.

Pero seas rico o seas pobre, príncipe o mendigo, papa o emperador, antes de llevarte esos pantalones te los tienes que probar. Ahí empieza la humillación de la persona.

Margarita Teresa de Austria, la de *Las meninas*, tuvo que probarse ese vestido antes de decidirse. En un probador amplio, todo hay que decirlo, tipo ascensor de El Corte Inglés, pero tuvo que probárselo. Me la imagino en el espejo:

—Éste me queda bien, me disimula un poco el culo.

—Así es, doña Margarita Teresa; y además, si llueve, todos los enanos de la corte se pueden refugiar debajo.

El problema de comprar ropa es que la última palabra no la tienes tú, la tiene la ropa. Entrar en un probador es como ir a una entrevista de trabajo: puede que te acepten o que te rechacen. Es curioso: toda situación en la que haya que sacarse los pantalones siempre gusta, pero en un probador no apetece nada. Un probador y una entrevista de trabajo son dos sitios en los que nunca apetece bajarse los pantalones.

Da pereza. Todo el esfuerzo en investigar con células madre y clonar embriones humanos valdría la pena si consiguiesen que alguien pudiera ir a probarse unos pantalones en lugar de tener que hacerlo uno mismo.

No es sólo por la pereza de desnudarse. En cuanto descuelgas los pantalones de la percha, empieza la gymkana de humillaciones...

—Por favor, ¿el probador?

—Al fondo a la derecha.

Es como un váter público. Siempre hay gente esperando. A algunos los ves que no aguantan más y se están probando encima. Cogen la ropa y se la colocan por el cuerpo. Es una manera muy poco seria de probarse ropa. Es como lo de asomar la cabeza por un tablero y hacerte una foto con cuerpo de torero o de culturista. Siempre te queda bien todo.

La metáfora del váter público da para más... Desnudarse allí es como hacer caca en váter ajeno. Te sientes extraño, con esa mezcla de frío, vergüenza y soledad. A nadie le gusta desnudarse ahí porque, al igual que en váter foráneo, en tu cabeza habita el terror de que alguien abra la puerta de modo inesperado. Lo mejor es llevarte un centinela. Una madre o una novia no valen. Las madres y las novias, bien por exceso o bien por defecto, no saben custodiar un probador. Las madres abren cada dos por tres para ver si ya estás. Como si fueras un pastel en el horno.

—¿Ya? ¿Te falta mucho?, ¿cómo te queda?

—Mamá, no abras, que estoy desnudo.

—¿Qué más te da? ¡Si yo ya te he visto el pichurrín!

—Tú sí, pero el resto de la tienda no.

Una novia hace lo contrario: se larga. Ella se pone a mirar ropa y tú buscándola por toda la tienda, descalzo y con unos pantalones rosa encía que evidentemente no son de tu talla. Para hacer bobsleigh están bien, pero para andar entre humanos no. Yo una vez me puse unos tan apretados que se me pusieron los pies azules y, claro, con el rosa no me favorecían nada. Por fin la encuentras y te vuelves al probador con un montón de pantalones de otras tallas, camisas, jerséis... Ahora tienes un problema nuevo: en el cubículo sólo hay un colgador. Un colgador, una banqueta y una pelusa gigante en el suelo. Yo dejo mi ropa en el colgador, la de la tienda en el taburete y me siento encima de la pelusa, que es lo más cómodo que hay en el probador, con diferencia.

Un probador está diseñado a mala idea. Un lugar para desnudarse en el que las paredes no llegan hasta el techo y la puerta no llega hasta el suelo. Es como desnudarse dentro de una cabina electoral. Le ponen un espejo dentro para que parezca más amplio, pero nada. Cuando entras ahí te dan ganas de sentarte en el taburete y hacerte unas fotos de carné. Otra peculiaridad: el suelo está lleno de alfileres. Mientras te desvistes puedes hacerte la acupuntura en las plantas de los pies. Se han lucido: un lugar para descalzarse con el suelo sembrado de agujas. Menos mal que las puertas no llegan hasta el suelo: así, cuando vean salir sangre por debajo, saltan por encima de las paredes y entran a buscarte.

No es que esté diseñado a mala idea, es que parece una prueba de «Humor amarillo». La idea de la cortinilla está a la altura del Laberinto del Chinotauro. Empiezas a desnudarte sobre un suelo de alfileres, descalzo, a la pata coja... ¿Qué más? Sólo falta que te suelten una vaquilla. No hay nada para agarrarse. Te puedes apoyar solamente en tres de las cuatro paredes del cubículo; como te apoyes en la cortina, saltas a escena con los pantalones por los tobillos. A mí me pasó. Me quedé en calzoncillos en medio del Bershka, pero a nadie pareció importarle. De hecho, había chicas vestidas que iban mucho más desnudas que yo.

Realmente todo el probador está hecho para despistar. Lo único necesario es la cortinilla. Lo demás sobra. Utilizando solamente la cortina, uno se puede cambiar sin problema. Vamos, como se ha hecho toda la vida en la playa: uno se envuelve con la toalla y se cambia el bañador ahí debajo. Como la oruga que se convierte en mariposa. No es fácil. Es un ejercicio de pericia, fuerza, equilibrio y valor. Si lo haces maquillado y con música, podría ser un número del Circo del Sol. De hecho, yo ya no me meto en los probadores: me envuelvo con la cortina y me pruebo mis pantalones rosa encía ante el aplauso del público. Luego me retiro dando cabriolas y regalo una flor a los de las primeras filas.

LOS DESFIBRILADORES

Este hombre está fibrilando,
¿quién lo desfibrilará?
El desfibrilador que lo desfibrile
buen desfibrilador será

El desfibrilador es ese aparato que sale en las películas y que sirve para electrocutar a un señor cuando se está muriendo. Al parecer, cuando uno va hacia la luz, lo mejor para traerlo de vuelta es darle una buena descarga. Es como decirle: «No te preocupes, que, si te va el rollo Endesa, aquí también tenemos».

En el aeropuerto hay un desfibrilador cada doscientos metros. Me parece bien. Cuando pides la cuenta en la cafetería, necesitas uno cerca. En los aeropuertos hay mucho estrés: cargar las maletas, desvestirse en el control de seguridad, correr para llegar a la hora, retrasos... No es la primera vez que una azafata le dice al piloto que tiene un retraso y al pobre le da un infarto en pleno vuelo. Todos los desfibriladores son pocos.

Según un reciente estudio de una universidad americana, el aeropuerto es el quinto lugar más común para sufrir un infarto. El número uno son estadios e instalaciones deportivas, y el número dos son... ¡casas de lenocinio! En el aeropuerto los desfibriladores son necesarios, pero en un burdel son imprescindibles. Y allí, ¿los ha visto usted? Pues yo tampoco.

En esas plazas sí que hay señores de más de sesenta años expuestos a mucha presión. Vamos, me río yo del estrés de quitarse el cinturón en el arco de seguridad. En amaderos de pago debería haber desfibriladores cada cincuenta metros. Si los pones cada doscientos, como en los aeropuertos, y te da un jamacuco justo en medio..., en lo que decides a cuál vas, ya te has ido.

Ahora mismo en Barajas hay más desfibriladores que en muchos hospitales. De hecho, en caso de infarto sale mucho mejor coger un taxi al aeropuerto que al hospital. Por ese motivo hay que llenar los burdeles de desfibriladores, porque tú le dices a un taxista que te lleve al aeropuerto y a lo mejor te da un rodeo impresionante, pero ¿qué taxista no conoce un atajo para llegar al lupanar más cercano?

Hay que salir a la calle a reivindicarlo.

—¿Qué queremos?

—Desfibriladores.

—¿Dónde los queremos?

—En los lupanares.

—¿Y cuándo los queremos?

—¡Ahora!

Desfibriladores en las casas de comercio amoroso, ¡ya! Qué mejor lugar para tratar los problemas del corazón.

—Señorita, creo que estoy fibrilando.

—No te *procupes*, mi *amol*, que subimos a la habitación y te lo quito yo en un momento.

En las casas de masaje tailandés:

—Buenas noches, caballero, ¿qué tipo de masaje desea?

—Cardiaco con final feliz.

Ahora mismo en Barajas hay más desfibriladores que rollos de papel higiénico. Y me parece bien, porque salvan más vidas. Lo único es que el papel higiénico sabe usarlo prácticamente todo el mundo, aunque sea a ojo, pero los desfibriladores..., digo yo que eso no lo podrá usar cualquier persona. Será necesaria una cualificación médica, ¿no? Y si no, ¿por qué no ponen el resto del instrumental quirúrgico? Bisturís, camillas, anestesia... Estaría bien, no sólo por si te da un infarto. Imagínate que estás por el aeropuerto y te apetece, ¿qué sé yo? Ponerte tetas. Pues te las pones y además con el *duty free* te ahorras el IVA.

Paradójicamente, en una sociedad que no tiene corazón, los desfibriladores son cada vez más abundantes. El dilema sigue siendo: ¿y dónde los ponemos? ¿En aeropuertos o en burdeles? En ambos sitios son necesarios, porque tienen las bebidas al mismo precio. Además, si los ponemos en ambos sitios habría una ventaja añadida, y es que, si a un caballero le da el infartito en la casa de mala nota, siempre podrían llevarlo a su casa, con los pantalones por los tobillos, y decir:

—Señora, a su marido le ha dado un infarto desvistiéndose en el control de seguridad del aeropuerto. Suerte que había allí un desfibrilador.

Sin frivolizar con el tema de fibrilar, el aparato que deberíamos aplicar a nuestros corazones no es tanto el desfibrilador como el *desfrivolizador*. Eso sí sería fantástico, un aparato que con una descarga le quite la frivolidad a un corazón. A una chica que se lleva a su perrito a Italia para que le hagan unas coletas y unos moñitos, tú le pegas un desfrivolizadorazo y cambia su billete para viajar a África y construir un pozo.

Mientras no se invente el desfrivolizador, yo seguiré reivindicando lo mismo: desfibriladores en aeropuertos y lupanares, y en la tierra paz a los hombres de buen corazón.

¿SABÍAS QUE...?

La Universidad de Illinois publicó en 2008 un estudio en el que se demostraba que la canción *Stayin' alive* de los Bee Gees presentaba un ritmo idóneo para realizar las compresiones torácicas en caso de parada cardiorrespiratoria: unas 103 pulsaciones por minuto. La mayoría de los mortales no somos capaces de memorizar un ritmo, pero gracias a que todos recordamos esta canción podemos realizar el masaje cardiaco con la cadencia apropiada. Curiosamente, si el masaje lo haces al ritmo de *My heart will go on*, es muy posible que el paciente se quede en el sitio.

LA VAGANCIA

A río revuelto, vagancia de pescadores

El ser humano ha conseguido llegar a Marte, y si no ha llegado más lejos es porque somos sólo un poco vagos. Ése es el problema: ser un poco vago no es suficiente. Hay que ser muy vagos. Vaguísimos. En un mundo de países vaguísimos no habría guerras.

—Señores: mañana, Primero de Mayo, hay que levantarse pronto, ponerse estos cascos y estas mochilas pesadísimas y atacar un país.

—Mañana no, que es festivo. Al otro tampoco, que es puente, y luego tenemos el día de la Comunidad, el del Patrón, el lunes de Pentecostés... y ya nos metemos en junio, que empezamos con el horario de verano, que es hasta octubre.

—¡Pues en octubre invadimos!

—Es que en octubre el país invadido está de vacaciones, que es el mes del martín pescador y el día de San Ganglio. Y si esperamos a que pasen sus fiestas, luego nosotros ya nos metemos en Navidad, Nochevieja, carnavales y Semana Santa.

—Bueno, ¡pues invadimos a la vuelta de Semana Santa!

—Es que a la vuelta de Semana Santa es Primero de Mayo otra vez.

En un mundo de países vaguísimos no habría guerras. Sólo por proponerlo ya te darían un bofetón. ¿Para qué va a usted a invadir nada pudiendo tomarse unas tapas de jamón en una terracita?

Gracias al tesón de los grandes vagos, el mundo es un lugar mejor. Gracias a ellos inventamos el mando a distancia de la tele, los interruptores de la luz al lado de la cabecera de la cama, las escaleras automáticas y el cepillo de dientes eléctrico..., que es como cepillarse los dientes al tiempo que disfrutas de un ataque de epilepsia. Quizá con ese invento nos hemos pasado un poco. Ese gesto tampoco era tan agotador, y ahora el cepillo eléctrico es como meterse un levantaclaras en la boca: si te despistas, te pone la saliva a punto de nieve.

Los grandes logros de la humanidad siempre tienen a un vago detrás. Un día dijo uno: «Vamos a la India por allí, que es más corto». Y descubrió América.

A mí me gustaría ser un vago, pero no tengo fuerza de voluntad. Ser un vago es muy trabajoso. Un día estás viendo la tele, se te cae el mando al suelo, y se queda a esa distancia justa a la que casi llegas, pero no. Ahí, el vago de raza intenta coger el mando sin levantarse. Puedes hacer todos los movimientos que quieras..., pero sin levantar el culo del sofá. Puedes retorcerte como un cerdo en un tobogán, pero el culo tiene que estar pegado al asiento en todo momento. Te inclinas, te doblas, estiras el brazo, oyes crujidos, notas que los tendones se están dando de sí... Coges una revista y le das, pero lo alejas más. Entonces te agarras al sofá para no perder el equilibrio, aguantas la respiración, las venas del cuello como mangueras de regar las calles, te estiras del todo y, ya a punto de caerte del sofá, le das un toque, lo acercas y lo coges... ¡Sin levantarte! Estás más rojo y sudoroso que una centolla. Lo normal es tener agujetas al día siguiente. Has quemado mil calorías y seguramente tengas lesiones irreversibles en el cerebro por falta de riego... Son los esfuerzos que conlleva la vagancia.

El buen vago se quita los zapatos sin desatar. Pisas el talón, tiras y ya está. El problema llega cuando hay que ponerse esos zapatos otra vez. Ahí se plantea una duda. ¿Qué es mejor, deshacer el nudo o... meter el pie? Buscas la vagancia, pero la vagancia cuesta y ahí es donde vas a empezar a pagar... con sudor. Metes el pie y no cabe: entonces empiezas a forzar y a mover el tobillo como cuando tu padre baila twist en Nochevieja. Pero el pie no entra y hay que ayudarse con el dedo. Te agachas, metes el dedo por el talón y mmmmmpf..., empiezas a apretar, haces fuerza, mmmmpfff... Yo una vez hice tanta fuerza que di a luz gemelos. Luego, cuando por fin consigues meter el pie, todavía queda lo más difícil: recuperar el dedo. No es tan fácil. Hay gente que se ha tenido que quedar agachada para siempre.

En esos casos, la opción más cómoda es serrarlo. Yo creo que Dios nos hizo con diez dedos para que podamos ponernos diez pares de zapatos sin desatar. O si no, para que llevemos sandalias como Jesucristo, que nunca tuvo este problema.

Dios se hizo hombre, eso está escrito. Está escrito ahí, donde están escritas las cosas. Se hizo hombre porque en cuestión de vagancia los hombres somos insuperables. En este aspecto somos muy superiores a las mujeres. Nos comemos un bocadillo asomados al váter para que no haya que limpiar las migas: se tira de la cadena y punto. Barremos los espacios que están a la vista. Eso una mujer no lo entiende. Ellas dicen que hay que barrer debajo del sofá, debajo de la cama... ¡Si no se ve! Barrer debajo de la cama es como barrer debajo de los azulejos.

Nadie se ha parado a pensar en lo importante que es la molicie. Deberíamos juntarnos y levantar un monumento a la vagancia, pero la verdad es que da un poco de pereza. Quita, quita..., prefiero la muerte. Eso sí. La muerte es a lo que aspira todo vago. Es lo único que se puede hacer tumbado y sin que nadie te moleste. ¡Qué ganas tengo de que llegue! Sin levantarte para nada, tranquilito y sin tener que barrer debajo del ataúd.